日本發酵紀行

Fermentation Tourism Nippon

小倉拓 著

前言

樹木抖落枯葉，在這個萬物靜養生息的季節，可以聽到小鎮外的酒窖內，傳來細微的噗滋噗滋聲響，這是酒樽及酒桶內的微生物們開始活動的聲音。天氣冷到河川都結冰了，在酒窖內的釀造家們卻脫掉上衣進入釀酒室。打開釀酒室的門，潮濕的蒸氣夾帶著甘甜栗子的香氣撲鼻而來，釀酒室正中央有個像是游泳池般的長型箱子，但水很淺。箱子裡躺著表面覆蓋一層白霜的稻米，米上的白霜就是黴菌，這種黴菌無毒，是能製造出對人體有益成分，名叫日本麴黴的不可思議微生物。充滿室內的熱氣及香味，正是這種黴菌食用了稻米之後，大量繁殖時散發出來的氣息。人們用雙手攪拌米粒，將其撥開，再像曲藝的動作般將米從底部撈起，宛如噴泉般往空中灑去。透過這樣的攪拌方式，送進黴菌呼吸時需要的氧氣，並且為了不要燙傷，適度讓其散熱。在這個保養作業結束之後，釀造家們靜靜地凝視著充滿黴菌的稻米與麴。

「很好，長得很健康，很有精神。」

「濕度維持這樣好嗎？」

「再乾燥個幾%吧！」

他們透過雙手、鼻子與黴菌們對話，走出釀酒室，釀造家們步上階梯，來到寒冷乾燥，像是舞蹈場地的地方。在那有許多桶子整齊地排放著，桶子內裝著的米色濃稠醬汁中湧出無數的小泡泡，發出噗滋噗滋的聲響，這個醬是把浸泡過麴黴的麴和米加進水裡混合而成的產物。冒出的泡泡是酵母，酵母以黴菌分解米產出的糖分為食物，而代謝物為大量的二氧化碳。二氧化碳被麴菌醬裡含有的蛋白質及油質薄膜包覆而變成氣泡，接著膨脹爆開，成為製酒原料的酒精，沉澱於泡沫底下。

這裡是淡路島的日本酒窖都美人。

早上五點，都市的居民都還在睡夢中時（又或是終於可以上床休息時），酒窖的釀酒藏人[1]們已經開始他們一天的工作，洗米、蒸米、搬米到釀酒室、保養黴菌、在桶子內製作酒母……等，花上一整天照顧微生物們。

太陽尚未升起，人們安靜地進行手邊工作，明明沒有聽見任何人的聲音，但

＊1　釀酒藏人為日本對釀酒職人的尊稱。（編按）

是酒窖內充滿了不可思議的熱鬧氣息，肉眼看不見的微生物們的數量每分每秒都在增加，在釀酒室及桶子內嘰嘰喳喳地喧嘩。

釀酒藏人們睜大雙眼凝視，靜靜傾聽牠們的聲音——這些肉眼看不見、雙耳聽不到的細語呢喃。

陽光終於露臉，照亮了酒窖，遠方傳來上學途中的小朋友們說話的聲音，人類開始活動的時間。

*

我的祖父是佐賀玄界灘的漁夫，我在東京出生，自小體弱多病，小學的時候只要一到暑假，就會被送到位於佐賀的母親娘家，透過海泳，或在山裡散步來鍛鍊身體。在那之中最讓我期待的活動，就是搭乘祖父的漁船出海捕魚。深夜時開著船朝大海前進，在漆黑的大海灑下漁網，連燈塔的燈光都看不到，周遭一片黑暗，我害怕地找祖父。

「外公，這裡這麼黑，你不怕嗎？」

「不怕啊！因為我看得到海上的道路。」

對祖父來說，星星及潮水的流動就像是指引方向的ＧＰＳ，沒有受過什麼高等教育，在人口只有兩百人的小漁村長大的祖父，曾經搭著船前往朝鮮半島、沖繩以及台灣，並且知曉當地的語言。他從對我而言只是一片水組合而成的大海中，得到了許多訊息，預測隔天天氣及風向準確到令人訝異，對於在都市生活的我來說，祖父彷彿擁有超能力。但如此令人欽佩的祖父，卻在我小學三年級的時候去世了，他到死前最後一刻都還在漁船上，度過了與海為伍的一生。

後來上了高中，就像每個思春期的男孩一樣，我也迷上了音樂，暑假沉迷於市中心的畫廊或是音樂演出會場，最後因為嚮往外國，我開始背包客旅行，在佐賀與祖父一同度過的那段時光，沉睡在記憶深處。二十出頭的我忙於追求未知及全新的資訊，回過頭來發現自己變成了專門組織資訊的資訊設計師。

雙眼看得到的東西，被以文字記錄下來的內容，被人找出來並且整理過編輯後的資料，將這些資訊蒐集起來，組織做成海報、資料夾或是手冊是一份非常刺激的工作。當時還是新人設計師的我，每天從早到晚都黏在電腦螢幕及列印出來的草圖前，並以作為能控制人類社會資訊者，得到成就感，甚至是一種優越感。比任何人還要早收集到更多的資訊，並巧妙運用，牽動世界，我當時認為成為這樣的人，是非常了不起的。

但，轉機降臨了。

當我成立自己的設計師事務所，在遠離東京的鄉下展開工作時，我接觸到釀造家這個不可思議的職業。說他們不過只是酒、味噌及醬油的食品製造商，確實也沒有錯，但是仔細觀察他們的工作情況後，發現他們的工作是與我一直所習慣的工作完全不同。他們每天在酒窖及工廠內，與肉眼看不見的微生物進行苦戰，並把工作交給語言不通的微生物們來製造出味道深奧的食物，根據他們的說法，製作出食物的不是人類，而是微生物，人類只是在微生物們工作的環境中擔任了輔助的角色而已。

人類無法製作出魚，魚是水製造的；人也無法製作出農作物，農作物是土地製造的，漁夫、農人及釀造家們的工作不是直接生產出作物，而是觀察被生產出來的成品，透過環境為媒介，將生產能力轉借到人類身上而已。正因為如此，他們具備過人的觀察力以及感受力，他們身分並不是成為創造者，而是承襲自然並與之共舞的角色。

對於當時以「創造」為理念的我來說，認識這些和人類以外的生物打交道、生活的人們是個全新體驗，但同時，內心也湧出一股懷念的感覺，在人類創造出來的環境中，每天從早到晚只有與人類進行溝通談話就結束一天的生活方式，或許是近代產生的特殊生活方式也說不定，像我的祖父以及釀造家這樣的人們，在日常生活中與大海、森林以及微生物們為伍，感受著自然的氣息，或許他們擁有與人類溝通時，截然不同的交流模式呢？

這是某天，我與山梨縣味噌老店「五味醬油」的老闆（在我獨立開業之後立刻委託我的客戶）一起喝酒時，在十一點那瞬間發生的事。

「啊！麴菌在叫我了，得去照顧一下才行。」

說完這句話，他就趕到酒窖去。一年三百六十五天都與日本麴黴在一起的關係，生理時鐘配合了微生物們的生活步調，與有週一到週五、有平日週末、有上班下班規律生活的「人類時間」截然不同，不同的時間軸深深地刻印於他們體內。我抱持著想要瞭解這種感覺的想法，開始學習微生物學的基礎，在自家製作起麴菌，歷經無數次的失敗後，在漸漸抓到訣竅時的某天晚上，突然有種感覺。

「啊！現在在叫我了……！」

這種感覺不是所謂的第六感超能力，而是一直專注在與自己存在於不同環境的微生物而練成的獨特感應，就像是運動選手或是音樂家對於自己領域相關的事物，都有異於常人的超高感受力一樣吧！

在產生這種感覺的時候，我彷彿理解祖父說過的「我可以看見海上的道路。」這句話的意思了。

感受到資訊產生之前，世界所透露的徵兆，我終於找到一直以來追求的東西。

*

最後我結束了在東京的設計師生活，開始前往各個土地拜訪發酵文化的每一天[2]，在這趟旅途中，我遇見了許多帶著「不是」人類世界的感性過著生活的人，繼承了延續好幾個世紀的事業，透過人生自然而然地背負起那塊土地的歷史及文化，宛如呼吸著風土民情一般的生活方式，我強烈希望能夠得知那樣的生活方式是如何誕生的，又是如何傳承到下一代，甚至是找到在

＊2　詳情請見《發酵文化人類學》。

體內流動的「萬物之作息時間」的線索。

這趟旅程透過由水、土及微生物編織而成，名為發酵的文化，來嘗試挖掘出生活在日本這塊土地上人們的記憶。在到處都是用水泥打造，信仰與祭典漸漸消失，街道的風景如出一轍的世界中，還存在著可彈性變化的時間軸，以及發覺五感無法察覺到的感知能力，所誕生的景色及文化。

但是，想要看到這個被隱藏起來的世界，光憑人類的理解能力還不太夠，必須透過生活在微米世界的微生物們來窺伺一斑。如此一來，無論是從各處湧現的不同古老記憶，或是新生命的閃爍身影都可以看見了，那是祖父看到的海上星星閃耀的光芒，照亮了浮現於黑夜中那個該回去的家，也像路標般指引著屬於自己的目的地。

這本書是我探訪了全日本四十七個都道府縣的發酵文化寫成的旅遊紀錄。從四十七個都道府縣，每個地區各挑選一個發酵食品，實際參訪製作現場將過程記錄下來。

本書介紹的發酵食品是基於以下三個條件挑選而出。

・發酵食品種類不重複
・忠於文化起源
・著重在景色及人物

雖然酒和醬油等每個都道府縣都有製作，但我也只能狠下心從中挑選出一個縣（譬如酒的話就是兵庫縣，醬油則是造訪了香川縣），另外，帶有深深扎根於土地上的歷史以及氣候風俗的發酵食品，也是本書的選擇範圍內。但像是最近剛好被某家公司製作出來，即使非常有特色，也不是此次挑選的對象，因為是以傳承了好幾代，並且在當地被人們口耳相傳的食品為優先。還有，並不只是介紹食物或食譜而已，本書將著重於挖掘出培育這些發酵食品的環境、人文以及文化背景等所有因素。

基於以上的挑選方法，這本書包含了廣為人知的常見發酵食品之外，還有鮮為人知且讓人聽到後不禁脫口而出「那是什麼？」的當地發酵食品（也有連當地人都不知道的）。

我所參訪的對象有當地代表人物的釀造商、街上的商店，還有擅長親手製作的媽媽們……各式各樣的人物於書中登場，其中我特別挑選了最接近傳統製造方法的食品來介紹。

素材及製作方法皆不可思議的當地發酵文化，在持續挖掘調查後會發現真的讓人難以置信，這塊土地經歷過的數百年歷史以及人們的生活習慣、自然環境等大致的模樣全都一一浮現出來。

這與藉由文獻、考古學的資料等所呈現出來的內容不同，因此敬請期待從發酵食品這個曾經活著的生物中，再次發現地方文化。

另外還要補充兩點，本書定位為旅遊紀錄，因此無法將實際造訪四十七個都道府縣的現場實際情況全都刊登於書內，無法介紹的發酵食品一覽表刊登於後記中，請各位務必過目。另外，本書時間帶為二〇一八年的夏末到二〇一九年初春，不過為了方便閱讀，一部分有調整過時間順序。

第1章 味覺記憶 東海之旅

每個地方都擁有屬於當地文化、人文特色的口味，那是個會讓外地人覺得「為什麼？」的不可思議口味，這口味深深地滲透當地的男女老少，就算每個人擁有不同的喜好，但那也是以「熟知的口味」為基準而衍伸出的些許不同喜好而已，東海地區是最顯而易見地表現出「深深扎根於土地上的口味」之代表。

日本發酵文化巡迴之旅開始於夏天邁入尾聲的時期，目標是鮮味調味料的製作現場，從夏天轉換到秋天的季節變換時期，在溫暖環境中努力工作的微生物們也開始漸漸地安靜下來，這正是旺盛的發酵作用轉換為「熟成」的時機點，在夏天時生成的各種成分在秋天到冬天這段期間漸漸調和、編排成風味大合奏，而我想要實際體驗看看這個轉換時期。

從初夏到盛夏，味噌或醬油的釀造木桶內宛如學校一般地熱鬧。

年輕的微生物們勤奮工作，氣泡踴躍浮上表面後破掉的聲音猶如聊天的話語聲，在夏日結束之時，那些嘰嘰喳喳的吵鬧聲變成了窸窸窣窣的喃喃細語，彷彿成熟的微生物們變得小心翼翼一般，在這個熟成的時期，到目前為止一直都很有自我主張的口味跟香味開始展開對話，並且往同一個方向前進，充滿活力的個體開始轉變為擁有協調性、融入社會群體生活的樣子，發酵是生成，熟成是調和，經過這兩個過程，就會製作出富含深度的美味。

在這個鮮味調味料的深奧世界裡，擁有被稱為日式料理基礎的味噌及醬油等產品，這些產品在日本全國各地都有生產，但是東海三縣的愛知、岐阜、三重擁有明顯與其他地區不同的「口味喜好」，這是個怎麼樣的喜好呢？那就是想表現出非常濃厚的味道，並且多樣化的鮮味。最具代表的就是愛知縣岡崎的名產——八丁味噌。

*

愛知縣岡崎的城下町有一個名為八帖的地區，在這個散發出獨特氣息的都市郊外有一條國道，國道旁矗立著兩座古老大型味噌釀造廠，夾著舊東海道比鄰而立，皆都開業於日本室町時代，分別名為「框久」（一六四五年創業）及「丸屋」（一三三七年創業），這兩間繼承了江戶時代德川家最喜歡的調味料——八丁味噌的文化。因在八帖町（舊八丁村）製作的關係，所以被稱為八丁味噌。

在幾個工廠連結起來的大空間內，擺放著無數個巨大木桶，讓人感到奇怪的是將石頭於木桶上堆疊成金字塔形狀的景色，從外頭投射進昏暗工廠內的光線照射著幾十個木桶及堆疊於上的石頭，乍看之下彷彿是古代宗教遺跡。木桶表面上標示著放入的原料種類及製造號碼，加深了探索製作流程的現場感。接著前往下一個房間，也同樣地有成群的巨大木桶，再到下一個房間，觸目所及皆是金字塔群，截至剛剛為止仍處於現代社會的我，卻在短短三十分鐘內完全失去了日常生活的空間感，遠遠超過人類身軀大小的時間感，在這寂靜中緩緩地蔓延開來。

這個金字塔，當然不是什麼信仰或藝術，而是因為某個實用目的而誕生的，為了增添味噌的風味，必須壓出桶子內的空氣所下的一道功夫[1]。現在，岡崎竟然還存在著擁有堆出金字塔狀石堆技術的專業職人。

＊1　透過用重石將空氣壓出形成「無氧狀態」，可使會釋放出臭味的雜菌無法呼吸。

八丁味噌的釀造廠，有種超越日本空間感的獨特氣氛，這究竟是從何而來的呢？

八丁味噌與一般味噌的作法不同，在日本本州廣泛普及的味噌，製作方式就如本書開頭說明的一樣，先將米沾上日本麴黴製作出「米麴」，然後在那之中加入蒸煮過的大豆及鹽巴使其發酵成濃稠泥狀。相比之下八丁味噌不使用米，而是將蒸煮過的大豆揉成團後捏成拳頭大小的圓球，接著沾上麴黴製成「豆麴」，再與鹽水混合使其成為濃稠泥狀，一般的發酵教科書內只會有「麴的種類不同」這種程度的說明而已，但是從不同的製作方法可真正看出由亞洲大陸傳襲過來的鮮味調味料在日本發展時的分歧點，極具有深厚的意義。

無論是味噌或是醬油，鮮味調味料的原料是麴，這個麴據說是古代從亞洲大陸遠渡來到日本的文化，但是亞洲大陸與日本製作出麴的微生物及菌種不同，亞洲大陸的菌種是根黴及毛黴，與日本麴黴屬於不同系統，是一種能透過產生強酸來阻擋雜菌的強壯微生物，亞洲大陸傳統麴的製造是在半戶外的場所，相比之下，日本麴黴屬於纖弱菌種，無法產生能夠對抗外敵的強酸，因此在日本，會在麴室這種與外部環境完全阻隔的密室[2]內製作，將外敵阻擋在外的情況下製作麴，也就是「製作麴」這道工法可說是明確地分開、獨立的，麴在與其他原料不同的場所透過不同的工法製作而成。

總的來說，亞洲大陸的強壯麴是在一個比較不拘泥細部過程，順其自然的情況下製作出來的。相對之下，日本的纖細麴是在一個嚴防雜菌混入的獨立場所，經過嚴謹手續製作出來的。若以味噌來比喻的話，亞洲大陸部分以韓國大醬為例，製作麴與製作味噌的過程近乎無縫地連在一起，簡單來說就是麴直接變成味噌，而日本使用一般稻米製成的味噌，製作麴與製作味噌的過程完全分開。微生物種類不同與製作方法不同，當然會生成不同的口味。白味噌[3]就是典型的代表，熟成時間較短，平淡沒有雜味的鮮甜風味，宛如受到完美保護的愛撒嬌孩子一般，這就是日本麴的風味特徵。

然而八丁味噌怎麼想都覺得不太像日本的方式，反而像亞洲大陸，大豆變成麴，接著就直接變成味噌，不像白味噌花一至三個月就能生產出來，而是需要二至三年來慢慢熟成，為有深度且濃厚的風味。八丁味噌擁有日本一般調味料沒有的風味特徵，那就是苦味及澀味，用米和小麥做成的麴呈現出來的是鮮味、甘甜味以及鹹味，並沒有這麼強調苦味，如果連澀味都呈現出

＊2 隔離麴菌，將溫度濕度調整成最適合培育狀態的房間，大多設置有以杉木製成的可透氣天窗。

＊3 與一般的味噌比起來，熟成期較短，麴的量非常多，鹽分較少。像是京都的西京味噌一樣可使用於甜點，屬於偏甜的味噌。

來的話，那就真的難以下嚥了。但是八丁味噌將其苦味、澀味都毫不掩飾地強調出來，大聲宣告這就是岡崎的味道！換個角度來看，這可說是日本味噌在鮮味調味料中的特異技術。

在超市販售的八丁味噌多為加入米味噌，使味道變得較容易入口的紅味噌高湯（赤だし），如果有興趣的話，請務必找出尚未調和過的正統八丁味噌品嚐看看，它會顛覆你對味噌的既定印象。此種味噌宛如由酸味、苦味、澀味等交織而成的交響樂，帶著從發祥地亞洲大陸傳過來的深厚口味。另有一種說法是，最早傳來日本的味噌應該是豆味噌，其字源為「未醬」，是尚未變成醬料的東西，也就是將尚未完全熟成的豆子當作配菜食用。在亞洲大陸沒有將味噌以水調開食用的文化，所以最早應該是被當作健康食品收藏於寺院等處，換句話說，並不是容易入口的味道（像青汁一樣）。在時代變遷下，日式製麴工程漸漸發展，並在其中添入鮮味及甜味，演變成現今的味噌文化，但八丁味噌宛如保存亞洲大陸口味的諾亞方舟般，並未經歷此進化的分歧點。對於居住在以岡崎為中心的東海地區的男女老少來說，八丁味噌的味道就是保存至今的「當地味道基準點」，也是味噌湯的原始風味。

*

數百年來，以不變的樣貌守護著岡崎歷史的兩家釀造廠，不是應該被保護的「遺產」，而是人們每天在這裡工作、製作商品、創造出地區經濟活力的場所，以現在進行式的樣貌存在著。持續製作八丁味噌這件事就是繼承幾百年的味覺，守護著與其他地區不同的口味，並呈現出岡崎這個地方的特色，這兩家釀造廠從中世紀以降便深深刻劃於岡崎歷史上。

舉個例子來說，在拜訪當地人稱八丁味噌傳道師的丸屋淺野社長時，他從釀造廠的深處拿出一個古老的卷軸，一邊將卷軸打開，一邊說著：

「我們在比明治時代還要久遠的時代，就曾借款給當時的武家喔！」

卷軸裡頭確實寫著「借多少錢給哪戶人家」。從開始製作、熟成到出貨換成金錢需要幾年的時間，釀造廠因此要儲存資金。在現代金融制度尚未建立的日本，需要累積資本用於製造商品的釀造廠，為了好好運用儲存起來的資本，通常會提供金融服務給所在地區，像這樣的事例不只在岡崎，全日本很多地方都可見到。

更深入去思考此現象，會發現釀造廠擁有當地有力人士的顧客情報。透過一年中進行多次商品交易，以及貸款服務，就可以觀察出最近哪戶人家生意不錯，或者是快要沒落，這些消息一查帳簿就可看出，由這種多方經濟行為所「刻劃出土地的歷史」，遠比博物館的展覽更加寫實且更具衝擊性，當然身為借貸方的釀造廠並不是一直都很安穩，從中世紀到近代的時代變遷中，框久與丸屋面臨多次破產危機，但是只要一間瀕臨危機，另一間就會出手幫忙，因此度過了江戶時代的糧食危機、明治維新，還有二十世紀的兩場世界大戰。若是只倖存框九或丸屋其中一間的話，八丁味噌的文化應該早就絕跡了，他們彼此是競爭對手，但同時也是一起走過數百年歷史的革命夥伴。

我與這兩家味噌釀造廠的老闆一同走在舊東海道上。

「我想位於兩間味噌釀造廠之間的這條道路，對於棲息於彼此釀造廠中的微生物來說，是一條邊界也說不定。」丸屋老闆突然說了這句話。

或許微生物們也跟人類一樣守著彼此的領土，但是偶爾會到街上聊一下天、討論一下事情，不到五公尺寬的這條小徑，對於八丁味噌文化以及微生物們來說，或許是一個可以互相幫忙，但又不妨礙彼此生活空間的一個絕佳距離。

並列於舊東海道上的兩間味噌工廠，宛如對抗時代洪流般地將當地口味永存於岡崎的土地上。

歷史通常會朝特定多數人們喜歡的方向直線進化，而顛覆這個先入為主觀念的就是八丁味噌，以及東海地區的獨特味覺標準。背對別人前進的方向，將別人討厭的東西當作自己的強項，不是將身分認同作為意識形態，而是將其當作生活習慣或是品味一般地建立起來。味覺是將感性的「民族記憶」保存下來的方舟，味覺背後封存著「土地的起源」。因此，喝味噌湯這件事，就像是將這塊土地的歷史溶於體內後，吸收而成為血肉，如同自己與曾經生活於此的先人們之間的羈絆吧！

＊

東海地區飲食文化就是挑戰麴製作出來的多樣化鮮味，「溜醬油」（たまり）是與八丁味噌相同，使用大豆麴做成的豆味噌衍生出來的液體調味料，濃縮了味噌熟成時生成的鮮味，最早是味噌的副產品，後來終於獨立變成調味料受到重用。只要造訪位於三重縣鈴鹿的伊勢灣沿岸，就可在擁有三百年以上歷史的「東海釀造」，品嚐鮮味文化在這個地區的醍醐味。

「隨著味噌熟成，液體部分也會分離出來，這上面清澈的液體部分，現在多與剛做好的味噌混合在一起，但是我們會將其當作『溜醬油』來販售，比起固狀的味噌，液體『溜醬油』的部分濃縮了更多的鮮味在裡面。」

這句話來自東海釀造現任老闆本地先生，是個穿著合身襯衫，充滿幹練感的紳士。

規模相對較小的東海釀造廠，充滿了「地方釀造廠」的感覺，主要製作的是與八丁味噌同樣類別的豆味噌，以及其副產品溜醬油。

東海釀造的豆味噌準確來說，與愛知縣岡崎擁有不同的地方特性，八丁味噌為了防止表面因接觸空氣而被雜菌入侵，在上方將石頭以金字塔狀堆疊。

而東海釀造則是比較鬆散地堆放石頭，這樣石頭與石頭之間的熟成味噌表面會厚厚地生成宛如白色黴菌般的產膜酵母，這是其中一種酵母在呼吸空氣時不斷增生，形成了像是隔離設施般的狀態。

酵母通常被認為是一種在沒有氧氣的狀態（一般稱為無氧狀態）下生成酒精、二氧化碳、香氣成分等的微生物。但是，其實也有喜歡在有氧氣的狀態下（一般稱為有氧狀態）活動的酵母，這樣的產膜酵母[4]所產生的微生物海原就彷彿動畫《風之谷》中出現的腐海，成為防止雜菌入侵的堡壘。

一般製作味噌或是醬油時，這種喜歡呼吸的微生物因為容易影響風味而不受喜愛，但是在東海釀造，這些微生物卻成了小幫手，與強調帶有深度熟成香味的八丁味噌不同，東海釀造的味噌及溜醬油讓人感受到果香及強烈風味，這是因為釀造桶表層的封裝方式不同而產生的差異。果香的風味濃縮於味噌，以及從中衍生出的溜醬油。

很幸運的，我有機會親眼看到溜醬油從釀造桶中流出的瞬間。轉開水龍頭之後，一下子溜醬油就宛如瀑布般奔流而出，轉眼容器就變成一片黑海，從這個海面散發出來的發酵香味，強烈地充斥著整個桶子表面，我的肚子不禁咕嚕地叫了一聲。

以冬季強烈陣風出名的伊勢灣在初秋之際吹著徐徐微風，天氣晴朗時，

＊4　產膜酵母喜歡氧氣及耐鹽的關係，常生成於與空氣接觸的表面。

可以清楚看到對岸的知多半島，此處為經過長野通過飛驒的木曾川終點，並且因曾經為湖泊，所以入口狹隘的伊勢灣充滿了淡水的豐富養分，在那裡捕獲的星鰻、鮑魚、牡蠣及蝦子等的伊勢海鮮，非常適合拿來搭配鮮味調味料。食材本身的鮮味再加上調味料的鮮味，這種「鮮味的加乘法」與強調減法味道美學的京都之味、簡單但味道濃厚的關東之味不同，是一種獨特的味道美學。在本地先生介紹的料亭裡品嚐了星鰻玉子燒，由入味的昆布高湯及味醂調味過的蛋汁包裹住用溜醬油調味過的星鰻製作而成，這道料理富含鹽味、甜味、鮮味，口味層次豐富，可說是將加乘法發揮至極，在東京長大的我，對於這種多層次的鮮味合奏曲，反而造成味覺感知的混亂。

走出店門口，沿著海灣散步就可聞到從石岸漂來鮮美海鮮的味道，伊勢灣真是個從全方位刺激人的味覺、讓人感到困擾的地方。

*

人的味覺是否隨著地區而有所不同？在全國各地巡迴中，我腦中不禁浮出這個疑問。日本的味覺原型分成三大類型。京都的貴族味覺、江戶的商人味覺、還有中京的武家味覺，相當於近畿、關東以及東海的飲食美感傾向。

京都的貴族口味擅長使用高湯，嚴選食材花費時間慢慢調理，調配出不依賴強烈鹹味及鮮味的淡雅之美；而江戶商人的口味則與其恰恰相反，將清淡高湯加上鹹味較強的濃口醬油，再配上簡單調理後即可享用的壽司及蕎麥麵。費時烹調的清淡淺色貴族料理，與簡單快速的重口味深色江戶料理成明顯對比。

而第三個刺客是將能想到的味道全都融合一起進行作戰的中京武家之味，這是鮮味的武裝兵團，用數量堆疊起來，有時這種強烈的作法也是一種別樹一幟的獨特美學，濃郁風味的八丁味噌猶如騎兵般的進行突擊，接著溜醬油宛如重裝步隊般將敵人（不知道誰是那個敵人）一刀砍下，然後身為射擊兵的味醂[5]再點燃甜味炸彈，而特別部隊的白醬油[6]再將戰場攪亂。簡單樸素意味著戰敗，將所有戰力毫不保留的投入戰場，體無完膚地征服味蕾，這種既強烈又濃厚的口味，讓一直以來受江戶美學教育而將簡單奉為圭臬的我感到衝擊。

「太、太多了！但是一旦習慣就會讓人成癮，到底是為什麼呢？」

說到東海地區首都名古屋的代表美食，首先腦海浮現的就是庶民美食。

＊5　簡單來說，就是取代水以燒酎製成的甘酒，添加了醣類跟酒精的味醂風味調味料，與一般味醂不同。

＊6　以愛知縣為中心進行生產，由小麥為主的材料做成的淺色清爽風味醬油。

但是在三河及知多等愛知地區，或是岐阜及三重等地則擁有許多靈活運用了自家調味料做成的美食食譜，像是上述的高湯玉子燒一樣，擁有好品味的料理家製作出的東海鄉土料理，是其他地區無法模仿的豪華口味，這裡潛藏著既不是京都亦不是江戶，更不是地方料理的未知數。

而守護這個獨特味道的，是活躍於東海各地區的釀造廠。在日本，高度經濟成長期以後衍生出一個新制度，那就是各地的醬油及味噌製造商共同建造大型生產工廠，將工廠大量生產的成品於自家工廠再度調整口味後出貨的「公會方式」，因此演變成諸多工廠不在自家進行釀造（現今，有些地區連公會方式也消失了）。但是在東海地區，還有很多保有自古以來就存在的製造設備，在自家進行所有生產過程的釀造廠，口味獨特性越高，釀造廠的獨立性就會越高。

在多樣化漸漸消失的調味料世界裡，東海地區是集合了所有種類的鮮味之都，擁有無論現代味覺再怎麼進攻都無法打破的鋼鐵堡壘。

Column

發酵技術的種類及活用方法

為了讓大家能夠更愉快閱讀本書，在這裡先解說一下似懂非懂的「發酵」。

對人類有益的微生物工作

灑上鹽巴的燉煮大豆跟味噌，哪一種是每天想要吃的呢？答案當然是味噌。

但是兩種原料都一樣，要說哪裡不一樣就是「有沒有微生物在裡面工作」。大豆上附著的麴菌或是酵母等發酵菌，將大豆的乳酸菌、蛋白質及澱粉等分解過後，就產生味噌特有的甜味、酸味以及香味。相反的，如果附著的是對人體有害的菌種，就會將大豆的營養成分分解為有害物質，讓大豆發出惡臭，容易導致腸胃不適，這就是發酵的相反——腐敗。

發酵與腐敗同樣都是微生物造成的，只是分解成對人體有益的微生物稱為發酵；分解成對人體有害的微生物是腐敗而已。

麴是日本獨特的發酵文化

麴菌是製造出日本料理中獨特鮮味及酸甜味的特別黴菌，喜歡居住在稻米內，這個無毒且親近人類的黴菌非常適合日本的水田文化，是日本發酵基礎中重要的微生物。

這個黴菌有三個特點。

- 能幫忙做出有特色的鮮味
- 能幫忙做出溫和順口的甜味
- 可成為聚集其他發酵菌的媒介

第三點的補充是，麴菌所做出的營養素不僅是人類，也是其他發酵菌的美味食物。被麴菌發酵之後的食材，會成為適合乳酸菌、酵母、醋酸菌等居住的環境，進而促成發酵接力賽，最終使得簡單的原料能夠產生複雜的口味。

另外，「麴菌」指的是引起發酵作用的日本麴黴，「麴」指的是麴菌附著在穀物上發酵後的食材。

調味料、醃漬物、酒

接著要介紹日本代表的發酵製作技術。

【調味料】每天餐桌上不可或缺的是調味料，將麴作為啟動媒介，讓大豆及米發酵。麴跟穀物混合後，在固體狀態下發酵形成的是味噌；液體狀態下發酵形成的則是醬油；將酒加入醋酸菌讓口味變酸成為醋；取代水用燒酎去釀造的甘酒是味醂；也有將魚用鹽醃漬後溶化變成像是魚醬的調味料。

【醃漬物】將食材放入醃漬材料使其熟成，做成可長期保存的王道食物。常見醃漬材料種類除了鹽以外還有麴及酒粕。各種醃漬材料的代表例子有鹽醃漬的紫蘇及茄子製成的京都柴漬（しば漬け）；而由麴、米及鹽混合的醃漬材料可醃漬出口味揉和的醃漬物，像是三五八漬（三五八）就是麴醃漬的代表；酒粕醃漬的代表則是將當季蔬菜以酒粕醃漬多年的奈良漬（奈良漬け）。不僅是蔬菜，也有將海鮮類用鹽醃漬的例子，像是富山的黑造墨魚汁漬（黒作り）及大分的醃香魚（うるか）等鹽辛醃漬物，還有將鯖魚及鯽魚等魚類用米醃漬製成的熟壽司（なれずし）。

【酒】充滿酵母吃下糖分後製造出來的酒精成分液體是酒，世界上各式各樣的酒，全部都是發酵品。製造方法較簡單的是從葡萄糖發酵出來的紅酒跟白酒；日本酒則有點複雜，首先將稻米的澱粉藉由麴菌進行糖化作用，再利用酵母幫助糖分轉換成酒精。紅酒白酒蒸餾後會變成白蘭地，日本酒蒸餾後會變成燒酎。

這本書中介紹的發酵食品幾乎都屬於這三個種類，希望大家能夠一邊瞭解發酵菌們的工作，一邊閱讀此書。

第2章

現代空間的遺落地帶 近畿之旅

在初秋之際，夏日暑氣漸漸散去的這個季節，瀰漫著一股不可思議的氣息，宛如音樂會剛開始交響樂團在調音時，所有沒有秩序的聲音漸漸地往同一個音階調整般，空氣中混合著虛脫及緊張感。古代中國將九月到十月這個時期稱之為「酉」，是候鳥從西（酉）方飛來的季節，是穀物收成準備釀造的時期，同時也是宣告夏天成長期結束，果實收割，準備要進入生機潛伏的冬眠時期。

在中國古代生活的人們，將這時期前來的候鳥視為歸鄉的祖靈，在祖先歸來之際，於壺中裝滿收成穀物，成為象形字「酉」的起源。在「酉」內裝滿液體即為「酒」，裝滿固狀物即為「醬」，而壺內裝滿食材時湧起無數泡泡的樣子稱作「釀」。同時也有一個說法，形容被葬於「酉」狀棺木中，穿著白色服裝的死者胸口，因裝滿呪具而隆起之貌，靈魂會在死後脫離肉體變成鳥兒往西方飛去，並於穀物收成（生命結果）之時再返回東方，因而又稱「酉」是生命再生，處於生死之界的中介季節[1]。

從東海往西邊前進的旅途中，我深受高燒及惡寒所苦，光是起身就感到暈眩頭痛，只要走動一下就狂冒冷汗，在這樣的狀態下持續旅行，只因事前早已調查好發酵的準備時期才安排行程，不能因為自己的身體狀況而錯失良機，微生物是不會考慮人類的情況而停止行動的。

近畿地方的發酵之旅，首先前往的是和歌山縣湯淺町，早期為熊野古道的宿場非常繁華，亦是個與釀造文化擁有深厚緣分的古老城鎮。從大阪轉搭JR紀勢本線往南行，於一座時間宛如停留在昭和時代的老車站下車，接著步行前往湯淺町的舊城鎮，踏上了如同中世紀時期般的街道，鋪著石頭的小路兩旁林立古老的町家建築，有些寺廟正門大開。從遠處飄逸過來湯淺灣淡淡的海潮味，隨著霧光灑落在下過雨後的街道上，已經放學的孩子們揮舞著黃色雨傘跑過香菸店及和菓子店前，宛如在攝影大師土門拳作品中的世界一隅，浮現了金門寺味噌老店「太田久助吟製」的釀造廠。我穿過門口布簾，站在昏暗無人的入口處，努力用因發燒而顫抖的聲音說了一聲：「不好意思」。

＊1 關於漢字的起源，參考自漢文漢學大師白川靜老師的著作。希望能夠繼續鑽研「發酵古代漢字」的世界。

在探索各地發酵文化的旅途中，我常常不小心踏入時空的遺落地帶，從郊外的道路轉進屋舍小巷，讓人瞬間迷失在那被灰泥及發黑的杉木牆壁圍繞而成的世界，建材行、冰店、和菓子店及和服店等，一家挨著一家，每間都是與今日二十一世紀只要透過網路都會配送到家中的服務形式迥異，充滿落差感的古老商家，而這個異樣空間的代表就是釀造廠。

凡是散步於具有悠久歷史的街道上，就會發現像是建有神社的海岬旁、河川的交會點、舊城鎮的中心等，讓人感到「這裡真的很不錯」且通風良好的地方，幾乎都會有釀造廠的存在。備料時使用的清水能泉湧而出，沒有容易造成腐敗的停滯空氣，在地方上擁有影響力的釀造商，為能將釀製出來的產品立即藉由船舶或是貨車運送出去，大都位處在交通易達點之地。只要看岡崎兩家八丁味噌的歷史即可發現，以前釀造業可說是奠定當地經濟基礎的產業，因此釀造廠通常建造於當時最好的地段，一百、兩百年來都是當地最具影響力的存在，也成為保存當地記憶的重要場所。

此外，釀造廠不會輕易搬家，也不能改建，因為可能改變微生物生態系統[2]，使得製造出的商品無法維持一致的獨特性，因此只能一點一點修繕或增建古老建築物，最終也累積了各時代建築的樣貌。

倉庫內放著流程自動化前使用的製作道具、商品製造、出貨管理及納

＊2 各式各樣的微生物在一個環境內建立起社會制度，在生物學中稱作「細菌叢」，依照氣候及場所特性，每個微生物都有不同的生態系統運行模式。

稅用的帳簿等，成為了記載當時產業及生活型態的重要文獻。就某種方面來說，釀造廠可說是個「活著的博物館」，累積了不可思議的漫長時間，卻又是個具有時間伸縮性的特殊場域，讓人能夠窺見潛藏於水泥下經漫長等待後，展露姿態的那一短暫瞬間。

湯淺的太田久助吟製也是這種異空間的典型代表。進入釀造廠的入口時，可明顯感受到空氣流動感的差異，而在寧靜、幽暗的入口另一側，正可看到穀物薰蒸時充滿香味、蒸氣繚繞的樣子。

「現在剛好是製作麴的時候，請進來看看。」從釀造廠深處傳來了呼喚聲。

緩緩步入工廠，看到戴著黑色毛帽、穿著T恤的老夫婦正在充滿陽光，像是半室外中庭般的場所忙碌地進行準備工作，將剛蒸過的穀物搬入製麴室，用雙手將冒著蒸氣的穀物塊揉散成碎粒，在溫度漸漸降低後，開始進行麴的配種[3]。

＊3 將成為發酵開關的黴菌孢子灑於材料上的作業程序，有看過日本酒職人拿著罐子灑粉的影片嗎？

「麴的材料是什麼呢？」

「我們家是將米、麥以及大豆全部混合做成麴。」

什麼！一般來說，味噌是從米、麥及大豆中選擇一種來當作原料做出麴，就算有混合，頂多就是兩種而已（順帶一提，醬油是大豆及麥混合製成的），混合三種的麴我還是第一次看到。

不過金山寺味噌究竟是什麼呢？由米、麥、大豆三種原料混合製成的麴當作漬床，再將事先用鹽醃過的丸茄子、瓜類及生薑等夏季蔬菜放入桶子內，再加入紫蘇等佐料，讓其發酵三到四個月後釀成味噌。仔細想想金山寺味噌應該是「介於味噌跟醃菜中間」的醃漬品，更準確描述的話則是「將漬床一同食用的麴醃漬蔬菜」，雖然名為「味噌」，但是無法準確歸類在既有分類中的金山寺味噌，究竟是來自哪裡呢？我詢問了老闆，老闆回應說：

「據說原本是八百年前在中國修行的和尚法燈國師帶來日本的發酵食品，本來是中國醬料的一種，應該是從被稱為醬菜的東西演變而成的吧！」

有機八丁
第四九九号

原來如此，比起說是味噌，應該是中國地區的醬料系統傳承下來的發酵食品，在發展成調味料和配菜這兩個食品項目前，凝聚了發酵鮮味的食物＝醬料，在湯淺這個地區被當作米飯的好夥伴而受到重視。在岡崎八丁味噌可看到「麴與味噌不分離」的中國文化殘影，在金山寺味噌則遇見了「味噌（調味料）與醃菜（食材）不分離」的原型。

生物進化歷史一般都以樹木從樹幹開始分支出無數樹枝的「演化樹模型」來呈現，沿著人類的樹枝往樹幹看去的話，會先看到猿猴，然後是老鼠（哺乳類），再來變成像是蜥蜴這類的爬蟲類，接著可回溯到住在水裡的魚類祖先。在演化過程中呼吸器官、脊椎及體溫維持裝置等被安裝於人類身上，但是也有在無數的分歧點上進化成與人類不同的生物，有繼續留在水中的生物，也有需藉由冬眠而生存下去的生物，還有選擇生活於空中的生物等。

「咦？到底在說什麼呢？」當然是發酵文化相關的內容。

金山寺味噌可說是日本釀造文化最早的分歧點之一，一邊是味噌即鮮味調味料，另一邊則是活用鮮味的醃漬物。而從味噌那方往前看，則又會因為麴的種類而有所差異；再往後看，又有像八丁味噌的副產品溜醬油一般，從原本固態變成液態的情況。

如同青蛙是水中生物同時也是陸地生物，鮭魚既能生存在淡水也能生存在海水一般，停留在進化分歧點，將應該分開的東西變成不可分離，這樣的存在狀態讓未來發展充滿無限的可能性，衍生出分支並結出多樣的文化果實。日本釀造文化進化史之樹幹就是金山寺味噌，一邊想像著從中國傳來的文化演變，一邊享用金山寺味噌蓋飯，嚐起來帶有甜味、鮮味還有一點苦味，可說是非常深厚的味道。

*

沙沙沙，將剛蒸好的穀物用手指撥散的聲音。

淙淙淙，洗蔬菜或是容器的水聲。

咚——，小路內傳來寺廟的敲鐘聲……

微生物們正在從釀造廠小窗照射進來的光線下跳著舞。

釀造廠是時空伸縮的異世界，而在釀造現場聽到的故事，又帶有時空扭曲感，在城鎮上的小型釀造廠中，製作金山寺味噌的老闆可將八百年前，串起亞洲大陸及日本東亞的傳奇故事倒背如流。還有釀造廠內那些肉眼看不見的大量微生物們，一半以上都誕生於人類之前，甚至比哺乳類還要早，生存於這世界上的時間漫長得令人驚訝。

我在因為發燒而感到昏昏沉沉的狀態下進入時空中的遺落地帶，恍如就身處在八百年前，變成了已歷經無數次反覆誕生及死亡的微生物般，但卻也有那麼一瞬間感覺能一直活著。

走出釀造廠才發現太陽已經下山了，心裡知道該先前往車站，但是卻無法想起是從哪條路來的，迷失於舊城鎮前往熊野古道的街道上，在沒有人的陰暗小路上，可看到一點一點的燈光，這條路前方存在的是介於此岸和彼岸中間的世界。我就像遊走在生與死、夢境與現實交界之處，彷彿這塊土地數百年來的歷史，在一瞬間與微生物的生命時間交疊在一起，真是一條不可思議的道路。剛剛待過的那座釀造廠，親切微笑著的那對夫婦是否真的存在呢？就算在現代，只要走進一條小路，就能迷失於有如柘植義春[4]的漫畫般，雖然寫實但卻沒有一點現實感的夢幻世界裡，也是蠻不錯的。

＊4　日本漫畫家和隨筆家。二〇一七年獲得日本漫畫家協會獎大獎。（編按）

秋天的夜風從西邊吹來，每踏出一步，腳步上乘載的身體重量就逐漸減輕，街上的燈光也逐漸遠去，小鳥的影子沿著漸漸消失的夕陽邊際將天空劃開，夜晚黑暗的內臟從撕裂的腹部傾洩而出。

*

好不容易到達大阪站，但是我正發著高燒，而且因為沒有食慾，這幾天幾乎都沒進食，導致胃痛得無法忍受，在轉車前往京都時，一陣猛烈的嘔意襲來，在廁所吐出了胃液。這樣的情況如果再不吃點什麼一定會暈倒，但是卻絲毫沒有胃口，快要不行了，人生面臨困境，就在我這樣想的時候，抬起頭來發現前方竟然有一間販售茶泡飯的店鋪。這一定是神的旨意，對於胃相當虛弱的我來說，茶泡飯真的是完美救援！從溫暖的湯汁到引起食慾的醃菜香味，如此柔和的紅柴漬拯救了快要倒下的我，開動了！

隔天早上，好好睡一覺後胃痛終於減輕了，雖然還有一點發燒，但是仍可以繼續旅行，下一站將前往的是位於京都市中心北方十公里處山區的大原地區。坐著巴士搖搖晃晃將近一個小時後，到達的是一處開闊的山谷，不同於建築物與人群密集的京都市區，這裡是一片猶如在不同星球般的寬廣田野，涼爽的風從山腳處吹拂而來，從巴士站走一小段路後即可看到一間小小的釀造廠，這就是繼承大原傳統口味的「辻柴漬本舖」。

不僅在關西，在東京超市也很常見的柴漬，其實是高度經濟成長期後大型加工食品製造商開發出來，並大量生產的商品，與原始的柴漬作法不同，辻柴漬本舖的老闆親自對我這麼解說。

「自古以來的柴漬作法很簡單，我們的標準作法只有使用紅紫蘇跟茄子而已。」

不使用常見的放入大量生產產品中的調味料及色素，也不使用京都其他釀造廠商常用的小黃瓜及蘘荷（茗荷），而是直接將新鮮的紅紫蘇及茄子以濃度低於五%的鹽醃漬，放上重石，藉由夏天的暑氣讓其發酵，然後野生的乳酸菌與酵母隨著鹽滲透進去後逼出蔬菜水分，一邊釋放出香味，一邊噗滋噗滋地發酵。說到辻柴漬本舖的極簡柴漬重點如下。

岡崎名産
八丁味噌
八丁味噌
八丁味噌

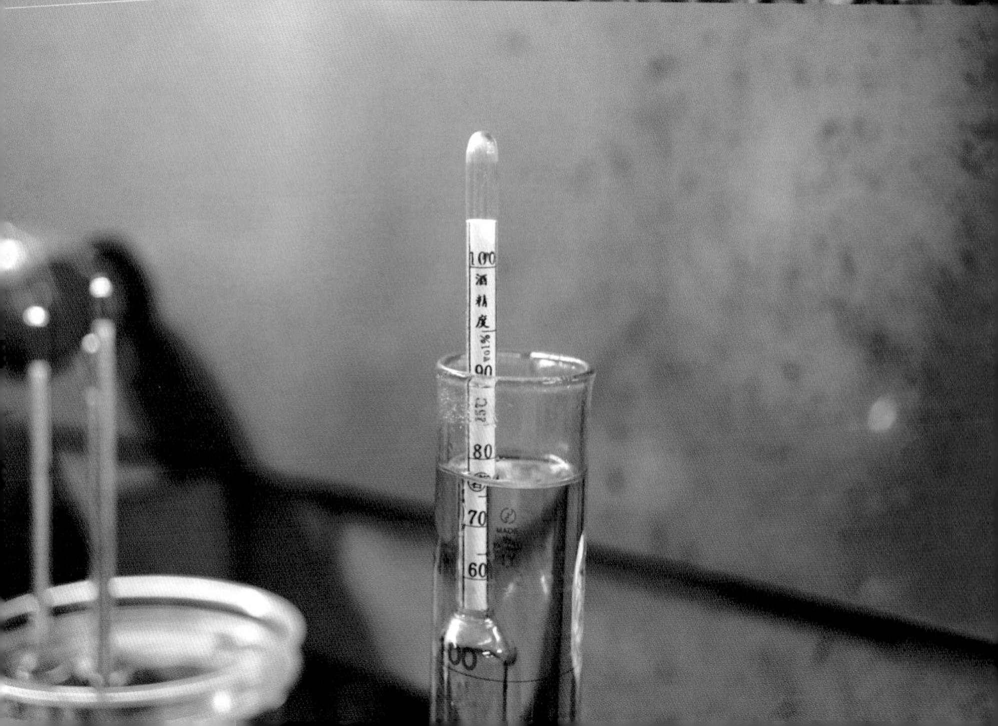
100
酒精度
90
80
70
60

・鹽分量少，主要透過乳酸發酵形成的低ＰＦ值來達到防腐機能5
・熟成期長（半年至一年左右）
・活用通風良好的大原氣候栽種的食材

像大原這樣通風開放的良好環境，與隔了一座山位於河川附近濕氣高的貴船地區相比，大原更適合栽種紅紫蘇。透著鮮豔猩紅色的紅紫蘇經由少量的鹽分及長時間的發酵，釀成了較清淡且高雅的味道，是帶有紅紫蘇鮮豔粉紅色的優雅醃菜。還有香味也不能漏掉，清新的花香從紅紫蘇飄散出來，緩緩地刺激人們的食慾……，至今為止我吃過的柴漬到底都是些什麼東西呢？

柴漬起源於平安時代後期，也就是要回溯到約八百年前，它的高貴紅紫色及良好的風味受到貴族喜愛，因此在這山間出產的在地醃菜，成為與平家後代及皇族淵源極深且擁有長遠歷史的產品。而在中世紀時，居民開始走出大原山區，前往京都市內販售柴漬。在拜訪工廠之後，我在附近的紫蘇田悠閒地散步，徐徐傳來的山間涼風彷彿帶著微笑般，冷卻了我發熱的雙頰。

＊

＊5　食材的ＰＨ值偏向酸性，可阻擋雜菌入侵。

「什麼？這裡真的有在地的飲食文化嗎？」

聽說大阪有夢幻醃菜，那是將像牛蒡一樣細長的白蘿蔔捲起來，然後以酒粕下去醃漬的「守口漬（守口漬け）」。聽到這樣的消息，我在大阪隔壁一個名為守口市的城鎮下車，觸目所及皆是大樓及水泥建築物，是典型的郊外新市鎮，這是能在哪裡栽種白蘿蔔呢？聽說這一帶在中世紀時是淀川沿岸的小貧村，而「守口漬」就是那時傳承下來的醃漬物。

有一天，豐臣秀吉經過當時的守口村，在抽菸時命令村莊的人拿一些茶點來，這時村莊的人一邊說：「如果這樣的東西也可以的話……」，一邊遞上去的就是這個醃白蘿蔔。秀吉公受到醃白蘿蔔的樸實風味而感動地說：「這個醃蘿蔔真的很好吃，我將其命名為守口漬。」便成為這個村莊的名產，這就是守口漬的由來。

再往近代看，本來是貧村的守口市在戰後高度經濟成長期經歷了急速現代化，轉變成幾乎看不到田地的新市鎮，而守口漬也漸漸被遺忘。但是，守口漬的作法不知道為什麼流傳到愛知縣與歧阜縣，變成東海地區的鄉土料理，在遠離大阪的地方悄悄地存活了下來。爾後進入二十一世紀，守口漬的原料，細長守口白蘿蔔以「浪速的傳統蔬菜」受到守口市的地區振興課、農協還有在地媽媽們的注目，展開了讓守口白蘿蔔種子復活的活動，基於這個疑似謠言的訊息，我為了取得守口漬而展開田野調查（完全沒有事前預約）。

循著Google地圖前往淀川沿岸可能有空地的地區，並向在公民館碰到的媽媽們詢問：「我正在找一種叫作守口白蘿蔔的細長白蘿蔔⋯⋯」，接著照著她們提供的資訊來到附近的農協，沒想到當地的農家竟然在停車場放了親手做的盆器，並栽種起守口白蘿蔔。在比我身高還要高的盆器內栽種最長可達兩公里的細長守口白蘿蔔，擔任種子復活企劃的專家阿伯說：

「又辣又苦，老實說，生的真的難以入口。」

也就是不太好吃的意思。

「原來如此，所以才必須要做成醃菜啊！有嘗試過醃漬看看嗎？」

「沒，有去學了東海地區的作法，但是實在是很難，不容易成功。」

雖說是東海地方的食譜，但大致上來說幾乎是奈良漬，多次變換漬床，花上兩年讓其熟成的高級醃菜作法[6]，要外行人再度重現出來實在是有點困難，就在我這樣想的時候，突然浮現了疑問。

「有必要將製作高級醃菜的功夫，用於本來就不太好吃的蔬菜上嗎？」

雖然這樣說有點太過直接，但是守口白蘿蔔是居民抱著「總比沒有東西採收好」的心態。將栽種於河川旁貧瘠土地上的作物做成醃菜時，應該不是抱著要將其做成高級食材的心態而製作的。東海地區的作法一定是名古屋或歧阜那邊的富有老闆們改良出來的，就在我這樣想的時候，大阪的友人提供了「河川對岸聽說有類似攝津富田的醃菜」這個資訊，我立刻前往拜訪攝津富田的老店「清鶴酒造」，發現竟然有怎麼想都是守口漬原型的在地醃菜。

那是靜靜地在釀酒廠角落，用酒粕醃製的一種名為「富田漬」的醃漬瓜類。將鹽加入熟成的酒粕後用腳踩勻做成漬床，再放入原料的瓜類醃漬一至兩個月讓其熟成及完成。不像奈良漬要更換漬床，富田漬是只需醃漬一次的簡單作法，就像是自古以來在攝津富田一帶親手做的樸實醃菜一樣。製作這個醃菜的清鶴酒造的年輕老闆說：

＊6　為了做出柔和的口味而多次變換漬床，因為很花功夫，所以價格昂貴。

「以前這一代有很多釀酒廠，在冬天到春天之際會生產出大量的酒粕，因此發展出使用酒粕醃漬的文化。」

原料是在一個名為服部地區採收的白瓜，問說「是怎樣的味道呢？」，得到的回答是「很硬、很苦，無法生吃」。

什麼？怎麼很像在哪裡聽過。接著問起這個醃菜的來源，答案讓我大吃一驚。

有一天，德川家康經過攝津富田，在抽菸時，命令村莊的人拿一些茶點來，這時村莊的人拿出來的就是這個白瓜醃菜。被這個樸實風味感動的家康公說：「這個醃菜真的很好吃，我要將它命名為富田漬。」因此便成了村莊的名產，也是富田漬的由來。

將不怎麼美味的作物加工成可以入口的食物，然後受到統治天下的大名主[7]喜愛，因而成為了鄉土名產，這就是大阪在地醃菜的成名模式。

京都人和大阪人，有一種常見的說法——從人品可以看出生長土地的

＊7　日本古代封建領主的稱謂。（編按）

「特性」。醃菜似乎也同樣地隨著地區呈現出不同性格，京都醃菜的文化包含了從中世紀流傳至今的悠久歷史及品味；大阪則呈現出在地樸實產品能發展成鄉土名產的庶民文化。如再加上從大陸過來的金山寺味噌、從平安時代就坐鎮於此的大御所奈良漬，將這些串連起來，就顯露出醃菜異世界的美味結界了。

而這個結界是把任何食物放進去都會變得美味的「醃菜魔法陣」。

Column

海、山、城鎮、島嶼的發酵文化

在走訪全國的發酵文化時，
發現除了以加工技術方法論以外，
透過土地屬性似乎也可將發酵的分門別類系統化，
這裡提案將其分為「海、山、城鎮、島嶼」四個分類。

海的發酵

將當季鮮味發揮到極致

海味發酵是一種時間控制技術，為了能在轉眼就結束的捕魚期中，將捕獲的大量海鮮進行有效利用，加工技術正在多方進化中。以醋醃漬可以不損新鮮度延長保存天數；以鹽醃漬可以引出鮮味並長期保存；如加上麴與米就會變成壽司文化源流的熟壽司；若將體積較小的海鮮類浸入大量的鹽，就會形成調味料源流的魚醬。支撐日本發酵的骨架，就是在水邊發展起來的加工文化。

山的發酵

扎根於土地的知識寶庫

東西南北，從熱帶的南國到嚴寒的北國，氣候風土創造出來的發酵文化之變化存在於山中，主角是當地的作物，與海邊不同，無法大量使用鹽的關係，保存技術變成需大量活用植物的抗菌效果、酒粕的酒精成分及乳酸菌的酸味。在不同的土壤孕育出不同的作物，不同的作物也孕育出不同的發酵技術，不同的個性在山中強烈地體現出來。

城鎮的發酵

運用當地優勢醞釀價值

發酵不只創造出文化價值，也能創造出經濟價值。在都市地區進行大規模經營的釀造業，掌握中世紀到近代日本的經濟關鍵，運用以北前船為首的迴船航路，透過將原料及商品大規模移動來累積資本。酒及調味料等的發酵文化也在曾是中世紀海運重鎮的土地上繁榮發展過，因為可長久保存食品以便運送至遙遠的地區，附加價值高的釀造產品曾經是日本經濟的支柱。

島嶼的發酵

閉鎖環境孕育出多樣化

島嶼發酵是日本人的生存智慧結晶。

與外界隔絕、沒有豐富水源、稻田耕作困難，為了在這種艱苦環境中生存下去，催生出島上人民異想天開的發酵文化，像是為了防止番薯在冬天腐敗，借助微生物力量將澱粉萃取而出製成「千（せん）」，或是從江戶時代就開始持續發酵帶有強烈味道的「臭魚乾（くさや）」等。以現代科學來看，這些文化還是充滿謎團，離島可說是加拉巴哥化（指事物獨自發展，反而與國際標準脫鉤）發酵的寶庫。

第3章 鮮魚與醋的通道 瀨戶內之旅

瀨戶內海在澄澈的耀陽下閃閃發光。秋季的廣島、尾道，自山坡高處向下俯瞰，呈現於眼前的是一目了然的海鎮風光。宛如河口般狹長的峽灣地形，能有效預防海嘯與洪水等災害。峽灣在洶湧的外海與城鎮之間形成人們與大海的緩衝地帶，尾道活用此地形，沿海倉庫與工廠林立，被稱為「海之商人」街道的榮景。江戶時代的尾道是北前船的中途港，曾為日本中國第一大海運重地。我著重的是此地釀造醋的歷史。

能拿出日本地圖，確認中國四國的地形，從山口到兵庫平坦如床，被稱為「本州之尾」的中國地方，北鄰日本海，南為瀨戶內海，被兩海圍繞。瀨戶內海對面是四面環海的香川與愛媛，內陸幾乎是山地，平地少且近海，與稻作農耕文化截然不同的海洋文化在這裡更為普及。

與相對平緩的近畿迴異，在山海交錯且起伏不定的瀨戶內區域，發酵文化的重點非「魚與醋」莫屬。旺季時期在海（河）捕捉的魚，以醋醃漬來拉長保存期限，但與在近畿及北陸等地，使用大量的鹽醃漬，製成熟壽司與鹹醃物等超長期保存食物相比之下，口味清淡許多。無論往內陸或海都距離很近，不需要橫跨北陸至京都那麼長的路途搬運魚貨，也沒有被霜雪覆蓋長達半年的休耕期。

特別是溫暖的瀨戶內海土地，整年都適合捕魚。既能保存生魚的新鮮度，又能適度維持保存性的醋醃漬文化[1]，在此地自然發達起來。

瀨戶內海的魚食文化所孕育的發酵調味料——醋。直到近代，仍是以「海運都市」尾道所生產的醋為大宗。

「咦，這是真的嗎？」

當然是真的。直到明治中期左右，尾道仍舉街盛行釀醋。大正五年，十家製造廠生產的醋高達二萬石[2]左右，是西部釀醋大國（順帶一提，東部釀醋大國是擁有味滋康的愛知縣知多半島的半田）。

＊1　比起以乳酸發酵生成的酸，醋酸的PH值較低且防腐性較強，發酵所需時間也不長，所以較簡單。

＊2　一石＝一升瓶一百瓶，也就是兩百萬瓶一升瓶＝三百六十萬公升。

從佇立於尾道代表景色之商店街深處的「尾道釀醋廠」，可窺見當年景象。這座工廠據說創業四百年以上，是釀醋業界的老將之一，內部宛如醋的博物館。幾乎只能在照片或繪卷上看到的巨大裝料壺與酒醪的古老槽[3]在眼前運作。踏入儲物室時，可看見出貨用的大酒瓶堆得如山高。

「別小看這些醋瓶，根據江戶和昭和的紀錄，似乎曾被送到北海道的最北端哦。」

工廠長笑瞇瞇地跟我們說起這些瓶子的故事。為什麼醋要到那麼遙遠的地方旅行呢？得先說明過去的醋製法，以及北前船的海運這兩件事才行。

*

第一件事。首先，何為醋？簡而言之，讓酒與空氣接觸的狀態下，使名為醋酸菌的細菌繁殖，讓它們將酒精轉化為強酸（醋酸）的調味料。在日本傳統的醋被稱為米醋，是用米釀的酒所釀製而成。製作醋需要這三個步驟。

＊3　漢字為「槽」。利用這個原理，以重石將酒醪榨出液體的大型容器。

・製作作為酒原料的麴
・由麴製作酒
・酒變成醋

也就是說，釀醋需要耗費大量的時間與精力！

詳細一些的製作細節如下。首先通常要準備清酒，接著將榨汁前的日本酒酒醪裡加入水分，調配出酒精濃度四至六度的液體（酒醪的酒精濃度為八至十三度）。將這低酒精濃度的液體，移到沒有蓋子的容器（過去以壺為主）裡，維持表面與空氣接觸的狀態，在氣溫四十度左右的房間裡發酵。如此一來，液體表面會逐漸形成延展的薄膜，這就是醋酸菌的菌落（這個薄膜會成為明年釀醋的發酵劑，先取出保存）。薄膜形成後放置二至四個月讓它慢慢發酵，發酵穩定後移到低溫熟成倉，靜置一年左右醞釀味道。

「哎呀！這不是比釀酒還要麻煩嗎？」

確實如此。醋的製作非常辛苦。這樣讓酒漸漸自然熟成的傳統製法稱為「靜置發酵」。對了，在超市一瓶一百日元的醋，是近代化以後出現的省時工法製成的。其原理是像滾筒式洗衣機般將空氣一邊送入，一邊攪拌釀造用的酒精液體，僅一天就能完成「全面發酵」。不過江戶到明治時期並沒有自動化生產技術，醋是費時費工的高級品。

以生意人的角度來看，因為醋的原料只有米，是能以高於原料好幾倍價格售出的高附加價值商品，僅靠品牌經營就能大量獲利，就好比現代的化妝品與健康食品（實際上，醋自古以來在世界各地被當作藥重用）。

接著，環繞醋文化的第二件事就是海運了。透過這趟旅程，我在全國各地認識到北前船文化。北前船，從秋田象瀉、山形酒田與福井若峽灣等北國的日本海沿岸，經由山口下關通過瀨戶內海，再進入大阪邊界（或從這裡開始）。穿梭於日本島西側的大航路上，在這個沒有馬達和引擎的時代，發展出乘著海流運送大量物資的物流業。保存期限長且附加價值高的發酵商品，與北前船的運作息息相關。

尾道的醋又是怎樣的狀況呢？首先原料米，是由日本海到瀨戶內海的路徑上，購入秋田產的品質不均的廉價穀物，接著在尾道加工成醋來增加其附加價值，最後再以相反的路徑將成品在日本海沿岸販售。尾道掌握了北前船的運行路徑，他們在這條商路上，載著自家生產的醋到北前船航路盡頭的北海道，甚至是樺太（庫頁島）兜售[4]。順帶一提，現代造醋一雄的「味滋康」（Mizkan）制霸了知多半島至江戶東迴航線。

販售物品的生意基礎，就是商品開發能力和通路經營能力。即便製作了優質商品，若沒有通路的話，就得在寄售方面花費高昂的仲介金。在已有通路的狀況下，就能給自家產品標上合意的價格。

也就是說最具競爭力的，這正是尾道商人。

用「便利商店製作私人商品」的方法把醋售罄，海洋商業大師尾道市的經濟已經到達頂峰。從尾道造醋之祖的富商「橋本家」開始，參與廣島銀行與尾道鐵路建設的人才輩出。也就是說，醋對於尾道乃至廣島的經濟起飛，扮演相當重要的角色。

＊4　據說北海道航線是在江戶後期以後開拓的新航路，是為了運送昆布與鮭魚等產物所開拓。詳細請參閱專欄（116頁）。

據說從尾道造醋現址到港口間的三百公尺，在全盛時期全是醋的釀造廠。北前船運來的原料直接送往倉庫囤放，完成的醋再直接運送到港口出貨。

＊

走出古舊建物林立的小巷來到海邊，在這空無一人的海堤上，有隻貓坐著打了個呵欠，從這能看見對岸是向島的造船廠。隨著富國強兵與制霸亞洲的夢想，海上商人們貿易上的活躍，轉變成大規模的造船業。

從尾道沿著瀨戶內海往東前行約一百公里後，終於來到岡山的古老港鎮，日生。在港邊就有割烹料理店，我特地請天坊的老闆現場處理借飯魚來觀摩。岡山縣的鄉土名產「借飯魚（ママカリ）」是一種叫作青鱗魚的小型青魚別稱。此地有將早春與初秋時湧入海灣的這種魚，以醋醃漬，配飯吃的飲食文化。

借飯魚的魚肉適度緊實，帶點油脂且完全不膩口。因為太美味而忍不住大口配飯，必須要去鄰居家「多借點飯！」所以取名為借飯魚。

擁有「這就是割烹料理店師傅！」一般氣勢的山口功先生用熟練的手法處理借飯魚，首先去掉頭與內臟後將魚身切成三片，用鹽醃漬一晚使其出水，接著去除鹽分，最後再用加入辣椒與糖分等調味過的醋醃漬。

一般來說，就可以直接當作下酒菜與配飯料理了，不過也可以用醋薄醃後，捏上醋飯做成借飯壽司。不過於清淡的鮮味，醋味剛好，有促進食慾的效果，確實是讓人吃不膩的平民美食呢。唔，讓我想喝點日本酒……！

我坐在櫃台和師傅談話時，得知一個叫「魚島（ウオジマ）」的陌生單字。

「每到春天啊，日生的海灣就會湧入大量的魚群。因為魚群太過密集，看起來就像海中隆起了地面，所以被稱為魚之島，魚島。看著海大喊魚島來了！這就是漁夫一年的開端。」師傅說。

如同都市人在公園賞花來感受新季節般，當魚群大量湧來，對漁夫而言也是一個新季節的起始。魚島，真是個頗具風情的名詞呢！

「除此之外，魚島也有大宴會的意思。豐收的魚貨擺滿整桌，大家齊聚一堂喝酒慶祝也是魚島。但是這種魚島最近已經不做了，畢竟漁夫越來越少，魚也越來越難捕獲，有點寂寞啊。」

為什麼日生漸漸捕不到魚了呢？向漁協打聽後得到「海變得太過乾淨」的答案。以前生活廢水適度排進海灣之中，廢水中的有機物培育大量浮游生物，進而成了吸引魚的食物。但伴隨著人們的生活型態轉變，生活廢水不再排入海中，而是導入下水道處理。

「以前的海水沒有那麼乾淨。每到溫暖的時期還會飄出臭味。但對魚而言，也許這樣比較好吧。海水太過乾淨也捕不到魚。」日生的漁夫如此說道。

海與人當初的距離適當，所以能豐收，但當距離產生變化，海產自然也就遠離人們。只想著從大海裡「捕撈」，從大海「收到」卻沒有對等付出的話，魚島自然也不會來了。

*

這次前往山上。登上日生北方五十公里處的內陸，來到位在鳥取與岡山縣界處一座叫作智頭的山村。我爬上深山間河川旁一座山丘上的村莊，抵達園政勝子小姐的家，那是間非常氣派的木造宅邸。勝子媽媽出生在代代生活於智頭的家庭，我為了品嚐勝子媽媽親手做的柿葉壽司（柿の葉ずし）遠道而來。

柿葉壽司在奈良以西的日本一帶都有，幾乎都是像粽子般用柿葉將米飯弄成押壽司的風格，但在智頭村則是將握壽司放在柿葉上，並在上頭妝點配料的握壽司風格。葉綠、飯白、粉紅的配料，既醒目又可愛。

接下來說明柿葉壽司的製作方式。在夏初到初秋摘下的柿葉上頭，放上醋飯和櫻鱒捏成的壽司，再以山椒的果實或稻穗等季節香草妝點，將其放入桶子裡堆疊多層，再讓它發酵一週以內（一天的短醃漬即可享用）。或許因為柿葉和醋能防腐，在盂蘭盆節[5]的酷暑時期，一次就會製作幾十個之多，供家族或全村一同享用。

「我也不清楚這壽司是何時出現的。我是從祖母那裡學來，而祖母也是從她的祖母那學來的。這麼一來，就能繼續傳承奶奶的味道了。時間很快，我也已經做了五十多年的柿葉壽司了。」勝子媽媽表情害羞，斷斷續續地說著。

柿葉壽司原本是作為宣告盂蘭盆節結束的「解除齋戒」食物享用，現在一整年都能在慶祝場合吃到。現代的解除齋戒指的是完成死者火葬當晚所吃的那一餐，但原本是指神事或巡禮、重大災害等事情告一段落後，帶著「辛苦了！」這樣的心情享用的餐點。

禁止吃肉的深山裡，可以同時吃到珍貴魚肉與白米的柿葉壽司，是慰勞

＊5　僅次於元旦的重要節日，為日本人守護與緬懷祖先的傳統習俗。（編按）

全員完成盂蘭盆這夏季大典的珍貴山之壽司吧。因為年僅一次，會做得特別漂亮，將酸甜美味鮮明地呈現出來。這是讓人深深感受到智頭婆婆溫柔心意的鄉土壽司真髓。

聽了勝子媽媽的話就能明白，鄉土壽司與靈性具有深刻的關係。智頭有兩種鄉土壽司的文化。其一是盂蘭盆節解除齋戒吃的柿葉壽司；另一個是新年時供奉年神的鯖魚熟壽司（サバのなれずし）。前者是對祖先們表示歸來後的「辛苦了！」；後者是迎接新年的「歡迎！」心情。

這個傳言讓我想起了我母親位於佐賀的漁村老家。漁夫們在盂蘭盆開始時就不會再出海捕魚，因為傳說這個時期出海「會被祖先們帶走」。在盂蘭盆的最後一天，將供品放在用紙和木頭做成的模型船並放入海中任其漂流，等到儀式結束後才可以捕魚並吃魚。從這件事情就能明白，在與水有深厚關聯的土地上，在盂蘭盆最後一天吃魚這件事，具有劃分陰陽兩界的特別意義。在過去的地方文化，壽司是連結神與人的重要食物。

鮭科的櫻鱒是能在河與海之間生存的魚類，也是串聯起山村智頭與瀨戶內海的存在。海的信仰以壽司為媒介流傳到山村，智頭的柿葉壽司具有這般歷史的餘韻。

在繼續前往旅程的途中，我突然想起勝子媽媽那雙捏壽司的手。持續超過五十年摘下庭院的柿葉、包入米的圓潤雙手，代替沉默的勝子媽媽對我傾訴了土地的記憶。這雙手製作的壽司，不言而喻地傳達著土地的記憶。我一口口享用這珍貴的故事，眼前不禁朦朧。

「明明沒見過面，為什麼會感覺如此親切呢……？怎麼回事，彷彿見到親戚的感覺？」我的一位女性朋友看了我在旅途中拍攝的照片，感慨地這樣說。

捏著柿葉壽司的勝子媽媽的模樣，有超越一己，透露出在這塊土地上生活的面貌，無論是誰，都能感受到彷彿吃過她親手捏的壽司般懷念。並不是只有勝子媽媽，我曾遇見的釀造家、漁夫、農家們的身上，都有能喚起深刻記憶般不可思議的能力。

到底是為何呢？

那一定是因為與食之記憶連結的緣故。它與語言傳承的記憶不同，味覺並沒有時間序列的差別，小時候嚐過的口味被當作「過去的記憶」，這種記憶並不會永遠被深埋於腦袋深處，而是突然讀取時，彷彿此刻正在體驗般鮮明。這並不是一般作為情報的記憶，而是感性的記憶。勝子媽媽捏壽司的模樣，開啟平常關上的感性記憶之門，伴隨著懷念的味道與香氣，喚起了對親愛家人及友人們的思念。

我在這趟旅程遇到的人們既是獨立個體，同時也是在這塊土地上生活過許多世代的無數人們的傳承之果。在這些人的臉龐、手、呼吸的另一側，映照出來的是自己熟識且懷念的容顏。為了追尋從記憶門扉縫隙裡窺看到的殘影，我繼續踏上旅途。但隨著步伐邁進，那容顏卻不知為何變得越來越遙遠，逐漸消失在瀰漫雲霧的黑暗之中。

*

醋文化扎根於日本的中國地方，橫越瀨戶內海的四國北部區域，尤其是愛媛的北沿岸區域。我看了一下小料理店的菜單，發現有將河豚的大片生魚片用柚子醋泡過的「河豚醋片（ふぐざく）」，還有巧用甜醋製作的散壽司「松山鮨（松山鮨）」，以及用醋醃紅蕪菁製成的「醃製紅蕪菁（緋のかぶら漬け）」等美食，全都用醋製作，再加上那裡盛產柑橘相關產物，愛媛果然是「酸之美食大國」。

我最在意的是其中將豆腐渣當醋飯來做壽司的壽司文化，偶然在松山道之驛看到渾圓的外型，像壽司形狀的食物「泉屋壽司（いずみや）」。追溯包裝上標註的住址，我從松山前往南西方，拜訪位在伊予海邊的豆腐店。

五色濱小小的漁港擁擠地塞滿漁船，我將車停在大正時期建造的復古燈塔旁的停車場，第一站先去參訪神社，並不是因為有特別的願望，只是抱持「打擾了」的心情參拜。

「不需要有祈求的意思，僅是沒有欲求地參拜就行了。」

我在山形的鶴岡遇到修行者星野先達先生，聽了他給我的建議之後，每到訪新的地方，就會先到該地的神社廟宇參拜。除了向神明表示問候之外，也對於祂自古以來守護著這塊土地表達敬意。

一眼就能明白，五色濱自古以來就是人與海緊密相連的漁港，此地水性溫和，不用擔心浪濤的危險。在港邊佇立的「三好食品」是市區豆腐店，建築物外觀給人一種懷舊的氣息。我朝裡面喊了句「請問有人在嗎？」，宛如豆腐般活力十足的阿姨便走了出來。

「啊，是為瞭解泉屋壽司而來的呀。豆渣的醋飯恰好做好了，要嚐嚐看嗎？」她這樣說著，引導我走進工廠。

泉屋壽司是在白米還是高級品的時代，為了庶民而做的壽司替代品。在豆渣撒上醋和生薑，放上一至三天醒味，再將其當作醋飯，配上用醋微醃漬的當季青魚做成握壽司。基本上不使用高級魚，而是用竹筴魚、沙丁魚，以及水針魚等便宜的青魚當材料。其中最典型的是窩斑鰶，那是小鰶的成長版。壽司店的小鰶一定都會用醋醃漬吧，那是因為生吃的話會有臭味而且不好吃，用醋醃過後能去除腥臭，魚肉也更加緊實，就好吃多了。長越大越不美味的斑鰶的最好食用方式，就是用醋醃漬啊。

自古以來，豆腐是庶民們能輕易取得的蛋白質來源，接著製作豆腐而生的副產物豆渣就出現了。為了有效利用顆粒般的口感，將乏味的豆渣用醋醃漬後代替米飯的想法便誕生。像三好食品那樣的市區豆腐店，自然也有製作泉屋壽司。從大正八年開始連續五代營業的三好食品製作的豆渣醋飯，雖然酸溜溜的，但口感不黏糊，是不失愛媛之美名的好酸味。與魚一起享用時，更是吃不膩的魅力美食。

順帶一提，豆腐店老闆娘的長男和三男都在工廠工作，次男在外面的豆腐店學習。多子多孫，光是這個家族就減緩了地方的少子高齡化與人口外移。真是可愛又踏實的豆腐店！

那麼，「泉屋壽司」這個不可思議的命名，是從何而來呢？從松山往東行的新居濱似乎就是發源地。我立刻前往新居濱，向海邊附近旅館的老闆娘，還有居酒屋的老闆打聽，大家卻露出一臉茫然的樣子，「泉屋壽司？那是什麼？」咦？我認為在新居濱大家都吃的泉屋壽司，居然是假想嗎？我不死心地打電話給鄉土料理店，終於與在地的人氣割烹料理店取得聯繫。立刻詢問櫃檯的師傅，他說：「泉屋，是江戶時代在新居濱以開採銅礦發跡的富商住友家的家號。為了挖銅礦事業而來住友家的，大概都是傭人吧？因為想吃壽司想得不得了，他們努力用豆渣做成了壽司。據說因為那是泉屋的人吃的壽司，所以就直接把它變成名字，但那是非常久遠的故事，事實如何也不可考了。」

現在新居濱已經幾乎沒人在吃泉屋壽司了。他也告訴我，在西側的伊予和宇和島那一帶，有叫作「丸壽司（丸ずし）」的手製食物。現在這家店可以吃到泉屋壽司嗎？我這樣提問，師傅的兒子笑著說：「如果在數天前預約的話也許可以。要將豆渣好好磨碎，並使其光滑，接著還要用醋醃漬，準備工作非常花時間。畢竟我們是做餐廳的，就該做出比一般家庭料理還高級的餐點才行。我覺得泉屋壽司非常美味喔。」

泉屋壽司有庶民版純樸的味道，也有精緻版的美味。這其中的轉變把這項食譜從「加減吃的東西」，變成「不管怎樣都想吃的東西」。

那麼，下次拜訪愛媛時，去餐廳享用精緻版的泉屋壽司吧！

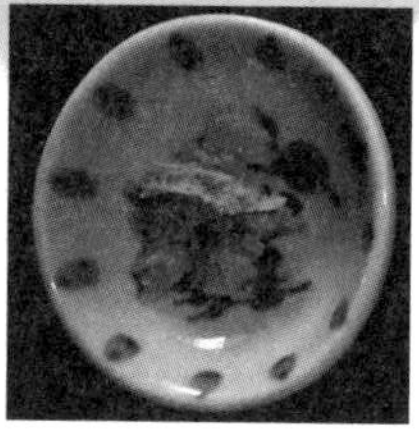

Column

壽司的進化史

將新鮮的海鮮與醋飯捏成壽司一起吃。
追溯成為和食代名詞的江戶前壽司根源之時，
找到了帶有當地海之發酵文化的進化史。
今天我們理所當然吃著的壽司，並非憑空誕生，
而是前人們歷經數百年、不斷嘗試大量的錯誤，才終於成功的。

第一步 魚醬・鹽辛醃漬物

像是秋田名為鹽汁魚醬（しょっつる）的魚醬、富山的黑造墨魚汁漬或是大分的醃香魚那樣的鹽辛醃漬物，都是海鮮加工技術的起點。用鹽醃漬具有防腐效果，因酵素而黏糊融化的產物變成調味料（魚醬），而濃縮美味的海鮮變成珍饈（鹽辛醃漬物）。因為這兩者在世界各地非常常見，因此也被稱為發酵文化的原型。

第二步 熟壽司

將魚肉用鹽和米混在一起長時間發酵，添加第一步的鹽味和美味後，下一步再加上乳酸發酵的酸味與香味，變成熟壽司。有滋賀鯽魚的熟壽司和歧阜香魚的熟壽司，北陸和西日本等地的鯖魚熟壽司等。因為強烈的酸可以防止雜菌侵入，所以能保存數年之久。壽司本來就有「酸（っぱ）し[su（ppa）shi]」這個別名，魚和米變酸，既能防腐又美

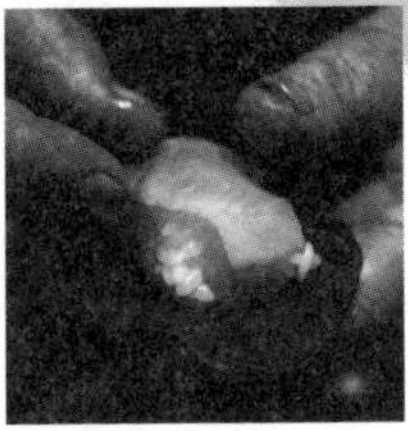

味，壽司的基本概念就確立於熟壽司。

第三步　醋醃漬

這是「變酸能防腐」的第二步原理應用。不是花時間讓乳酸發酵，而是一開始就用酸醋來醃製。岡山的借飯壽司和鳥取的柿葉壽司、愛媛的泉屋壽司等就是好例子。相較於強調熟成感與發酵感的熟壽司，醋醃漬不僅保持海鮮的新鮮度，還在第三步中將「新鮮度」的要素加到壽司之中。

第四步　江戶前壽司

進入江戶時代，隨著漁業與物流技術發達，大家熟知在醋飯上配新鮮海鮮的江戶前壽司文化誕生了。我居住的山梨縣明明不近海，但從以前壽司店就多到誇張，能讓人窺見江戶前壽司的古老模樣。雖然現在是使用解凍的生魚材料，但山梨縣的舊版壽司，是食材用醋調味或醬油醃漬材料等非常費時費工的食物，並不是用酸度或發酵的效果來長時間熟成。用「多加一道功夫」來確保保存性，恰好表現出那家店獨創的美味。從此意義而言，在現代常見的小鰶和醃鯖魚等用醋醃漬的壽司，是第三步和第四步江戶前壽司之間的橋梁吧。

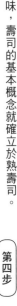

第4章

微生物的邀約之聲 前往離島

離島帶有日本的原始風景，以前住在日本的人到底是怎麼生活的，那個生活模式及精神直到今日依舊透過在當地生活的人們傳承下來。還有，離島刻劃著亞洲各式各樣的民族透過海洋進行交流的痕跡，可讓人同時窺見日本這個國家的固有性以及流動性。

這當然也可套用在發酵文化上，離島大多都難以自由調配食材及確保水源，也很不易將做好的完成品當作產品販售，因此需要把有限的當地素材做最大活用，就誕生出平常無法想像的不可思議發酵技術，讓人不禁想說「為什麼變成那樣呢？」的跳躍式想法及獨特手法，還有為了讓食品能保存更長久的各種方法，離島擁有從前日本列島所有地區的庶民為了生存而累積下來的智慧結晶。

＊

青之島，地理位置比伊豆諸島還要南端，是一座浮現於八丈島南方七十公里處海面上，人口只有一百六十人左右的孤島。這是座雙重火山口，兩座火山口以同心圓的方式交疊，是世上罕有的活火山島。海岸直直地聳立於海面，為數不多的沙灘海浪險惡，彷彿在拒絕人類進入這個環境。據說從六百年以前才開始有人居住，在十八世紀末，因為火山爆發的關係，居民移往八丈島避難，原以為會就這樣變成無人島，但沒想到過了半世紀，居民幾乎全都回到青之島上，可說是產出強烈在地精神的土地。這個青之島擁有不知道起源於何處的面具神事[1]，還有火山地帶才有辦法孕育出來的稀有植物生態，這不單是一片獨特的土地，其發酵文化也是一個非常奇特的例子，那就是用野生微生物釀造的燒酎「青酎」。

十一月中，因對離島及燒酎瞭如指掌的朋友委託而有機會前往青之島，首先從羽田機場搭乘飛機前往八丈島，再轉乘小型直升機，如果能順利接駁的話，從東京只需花四個小時即可到達青之島，但如果預約不到僅能乘載十人的直升機，就只能搭乘一週只有四到五班的船，容易因氣候不佳或是大浪

＊1 島上總鎮守大里神社裝飾有舉行至昭和四十年為止的「DEIRAHON祭典」中使用的男鬼及巫女的恐怖面具。

停駛，出航率只有五〇%左右。在接駁不順的情況下，有可能在八丈島待上數天才能前往青之島，可說是依照運氣好壞、接駁難易度不同的荒謬島嶼。（順帶一提，在朋友的陪同下，我順利地到達了。）

青之島的異空間感隨處可見，首先是沒有地址，島內住家、商店及工廠全都一同使用「無番地」這個住址，降落於沒有番地的停機坪時，雖然天空晴朗，但卻像是暴風雨來襲般吹著強風，住家幾乎都聚集在大火山口旁僅有的一點平地，站在大火山上可看到現在仍在活動中宛如布丁般形狀的小火山。像是仙人掌般的龍舌蘭茂盛如蓬，紅棕色的山坡上冒出來的地熱可蒸熟番薯或水煮蛋，小火山周圍宛如熱帶叢林般的茂密樹林中有許多寄生於熔岩或是蘇鐵上，彷彿於手塚治虫[2]科幻世界漫畫中出現的奇妙植物，而山蘇花是這座火山島的發酵文化象徵。

為什麼這樣說呢，因為寄生於山蘇花上的黑色黴菌，就是「青酎」的釀造核心。

從島的中心位置即火山口旁的聚落往海岸線前進就可看到青之島酒造廠，這是從以前在自家釀造燒酎的島民們以公會方式集結起來成立的釀酒廠，因為是公會制度的關係，所以並沒有像一般公司一樣有社長跟員工，而

＊2　本名手塚治，現代日本動畫的創立者之一，被後世尊稱為「日本漫畫之神」。（編按）

是幾位釀酒師擁有自己的釀造設備及酒桶，用自己的方式去釀造，這之中的一位釀酒師奧山晃先生讓我體驗了製作青酎的過程。

現在大多都是由男性製作青之島燒酎，據說以前是太太為了先生而製作的，晃先生的燒酎製作方法也是跟母親學來的傳統作法，是讓人感受到日本釀造燒酎源流其粗曠且簡單的方式，我也在很多地方看過燒酎釀酒廠，但是在看到青之島的傳統釀造方式時，還是不禁脫口而出「這是真的嗎？」，大吃了一驚。青酎的製作方式如下。

・將蒸過的麥沾上野生的黑色麴菌[3]製成燒酎麴
・將麴與蒸過的番薯用雨水混合，接著用棲息於釀酒廠內的野生酵母讓其發酵做成酒醪
・在酒醪徹底發酵時進行蒸餾取出高濃度的酒精

在製作麴時，必須在食材中加入一種被稱為「種麴」的發酵劑（就像是製作麵團時使用的酵母一樣），通常種麴會從名為「豆芽菜屋」[4]的菌種培養製造商，像商品一樣進貨，但青之島在五十年前，都還是一年只會有幾班船定期往來的超偏遠地帶，故連種麴也需自家採種。一般酒及味噌用的米麴

＊3　一種會釋放出檸檬酸，被稱作黑麴黴或是Aspergillus luchuensis的熱帶麴黴。

＊4　培養麴黴的孢子，並根據用途分株，擁有龐大黴菌型錄，支撐日本發酵文化支柱的重要存在。

是從稻穗或是稻米採收而來，但是在青之島，則發展出在麥上蓋上山蘇葉來培養種麴的文化。生長於紮實葉片纖維上的黑麴菌，搬家到麥上進而發酵出麴[5]。山蘇花不只是發酵劑，也會在發酵途中適度吸收散發出來的熱氣及水分，進行調節的功能，島上居民們可說是非常重視可釀造出奢侈品的山蘇。

麴的下一步就是酒醪。將花三天調節溫度及溼度做出的麴[6]在酒桶內與雨水[7]及番薯混合在一起。

作法與使用番薯製成的燒酎元祖——鹿兒島薩摩燒酎——的製作方法相比，薩摩燒酎是先將米沾上在豆芽菜屋培養的種麴做出米麴，接著加入水及同樣是人工培養的酵母，先做出介於甘酒及濁酒之間的酒製品，再加上番薯使其再度發酵的兩段式釀造方式。

青之島式的傳統作法則是一開始就將麥麴與水及番薯混合，進行一次性發酵的「丼飯式釀造法」，酵母也是棲息於島上的野生菌種，香蕉色的泡泡蜂湧而出，噗滋噗滋發酵的青酎酒醪散發出既像是鳳梨又像是花蜜般不可思議的香味，試嚐一口可感受到強烈酸味及一絲苦味，香味是果香，某部分的味道像是金屬般散發出青色光芒，是一種不可思議並刺激感官的風味。喜歡的人會很喜歡，不喜歡的人應該無法接受，而我則是被青酎風味深深吸引。

＊5　難以從火山口爬下去的媽媽們會以繡球花的葉子代替，現在則是加上山蘇花，將上個年度製作的麴取一部分當作種麴使用，也有人採用「手做優格方式」。

＊6　通常番薯燒酎的麴是米，在青之島則是採用罕見用麥製麴的方式。

＊7　傳統作法是用在樹木旁邊放置的甕儲藏的雨水，現在則是使用島上統一收集並過濾過的雨水。

最後放入蒸餾器，將酒醪加熱，水蒸氣氣化後取出酒精成分[8]，最先從蒸餾器口滴滴答答流出來酒精濃度六十度以上的液體稱作原酒，酒醪則富含了更加濃縮的香味，擁有強烈酒精及風味的蒸餾酒，只要喝一口，就會讓人感受到宛如對燒酎的印象崩壞般地強烈衝擊，南國果香及花香穿越鼻腔直撲眼睛深處，讓視網膜浮現出帶有青色光澤的彩紅色系極樂鳥成群飛過的景象，是款讓人感到迷幻的蒸餾酒。

使用不可思議的野生菌釀造而成的青酎，起源來自薩摩（鹿兒島）。據說在十九世紀中期，因為走私而被流放到八丈島的薩摩商人丹宗庄右衛門，從祖國將適合釀造燒酎的番薯及釀造和蒸餾裝置帶到八丈島上，燒酎釀造文化因此流傳到青之島。位於八丈島上的丹宗庄右衛門與燒酎紀念碑上刻著一段耐人尋味的故事，十九世紀時因為經常發生饑荒，而禁止用米釀酒，在這個時候燒酎伯伯從薩摩來到這裡，並對居民說「就算沒有米，也可以使用番薯釀造酒！」，聽到這番話的居民非常高興，對全體島民來說這應該是「太好了！英雄來了！」，讓人感到歡欣若狂的瞬間。

在青之島，番薯是島上居民的生命線，只能仰賴雨水，沒有水源的土地

＊8　蒸餾的基本原理為運用水及酒精的不同氣化溫度分離酒醪內的水分及酒精成分。水的氣化溫度為一百度，酒精則是七十八度。

無法耕作稻米，在這種的情況下，番薯是在被火山灰覆蓋的貧瘠土地上也能種植的珍貴營養來源。每個家庭都用牛進行耕作，從秋天到春天種麥，夏天到秋天則是種植番薯，麥收成後保存到秋天，秋天到來時先將當作主食的番薯收成，接著將外觀較小的番薯或是切下來的番薯塊與麥製成的麴混合釀造成燒酎，最後剩下來的番薯可以餵牛，燒酎產生的酒粕則用於土地堆肥。

真是太完美的循環系統！番薯、麥及牛在島上形成良好循環。青之島的秋天樂趣是一邊享用蒸好的番薯，一邊大口暢飲青酎，夕陽西下時刻，島上看到的天空中有青色的極樂鳥飛過，沙——沙——沙——的聲音應該是海浪的聲音吧！又或是風吹拂過樹木草原的聲音。

*

在牆壁皆覆蓋著黑色黴菌的釀造廠內仔細傾聽會發現，這是來自釀造桶內的喧嘩聲，酒醪表面充滿大量的泡沫，泡沫像是海浪般流來流去，更仔細聽會發現，在喧嘩聲中混合著泡泡啵啵啵破掉的聲音，再加上液體流動的聲音，使得釀造廠整間環繞著海浪般的聲響。

島上的生命正在往上湧出，我傾聽著這個正發出邀請我喝一杯的聲音。

在青之島，可以親身感受到從前住在日本的人們，理所當然的日常生活及世界觀。像是青酎釀酒師奧山先生一樣，島上居民大多身兼多份工作，例如港口或是道路的維修、養牛、耕種、釀酒等，從早到晚進行各式各樣的工作。當然一方面是因為經濟，一方面則是在人口稀少的離島，一個人不做多樣工作的話，島上的生活就無法運作。如果大家都只有一種專業，那島上的基礎設施將會停擺，只要一個人可以身兼多樣工作，就可以產出一百六十人乘以好幾倍的人力，擔任社會上的各種職務，這是老百姓為了讓這個小型社會持續運作而擁有的智慧。

還有一個讓人思考時間觀念與如何面對大自然的旅行小故事。在燒酎釀造結束，預計返回日本本島那天的早上，我一起床發現外面正刮著強風，颱風快要來了，奧山先生說：

「今天直升機一定會停飛，看來你這一陣子都不能回去了。」

什麼！我明天有電視節目的現場直播，這該怎麼辦……在這個時期，船因為強風停駛的可能性很大，直升機也不能變更預約日期，也就是說有極大的機率這幾天都無法離開這座島嶼。完了！想到已經動用大量人力及預算的活動有可能停擺，我也會因此失去信用，緊張地冒著冷汗。但是當我從釀酒廠後方的高台看著大海時，不知道為什麼心情漸漸地冷靜了下來。

「人類的事情其實都是小事，我只能順著大自然的現狀去做事。」因為起大浪所以沒辦法，因為打雷所以沒辦法，燒酎也是一樣，只能依微生物自己的狀態去發酵。如果事情剛好照著自己所想的方向前進，當然很高興，但如果無法照自己所想的發展的話，那就悠閒地睡個午覺也好。將「自己的情況」擱下時，心情也意外地輕鬆起來，以「大自然」為中心來思考，努力計較十分鐘、二十分鐘的現代人時間觀，將會變成一天、一週、一個月來計算。因為大自然的因素無法前往的話，那就只是現在不是前往的時候；想要做的事情無法做的話，那也就只是現在不是做的時候。所以，別擔心！

在看著海心情進入放鬆狀態時，突然間烏雲散去，晴空萬里，島上的人也感到驚訝的奇蹟發生了，我因此可以返回現代世界。在鬆一口氣的同時，內心也有些許對於沒機會體驗到大自然留我下來時可看到的世界而感到可惜，我抱著這樣的情緒搭上直升機，從高空看下去的青之島就像是浮在酒醪大海中的微生物氣泡，因為大自然的變化無常進行發酵，最終在遙遠的未來，時機到來時回歸混沌。

我也是一樣，因為超越自己意念的緣分踏上某塊土地，在那塊土地上遇見了某些人，與那些人一起工作或是組成家庭，噗滋噗滋地冒出生活的泡泡，然後時間到了就回歸泥土或是水中消失而去，那會是什麼時候呢？我希望我能夠抱著無論什麼時候都是「活在當下」的這個想法繼續生活下去。

Column

日本人究竟都吃什麼呢？

在探訪各個當地發酵文化時，對於食材的多樣化感到驚訝。
形成日本眾多發酵文化種類的原因除了微生物以外，
還有食材的多樣化。
以下為此次旅行登場的食材一覽表！

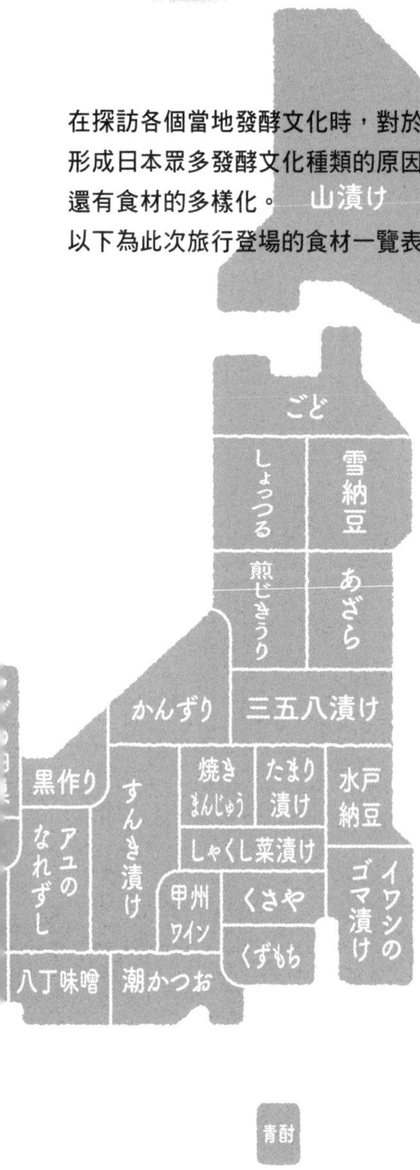

魚

鮭魚（北海道　山漬鮭魚）
日本叉牙魚（秋田　鹽汁魚醬、飯壽司）
凸眼魚（宮城　醃白菜鍋）
沙丁魚（千葉　沙丁魚芝麻漬）
竹筴魚、飛魚（東京新島　臭魚乾）
鰹魚（靜岡　柴魚片、潮鰹）
花枝（富山　黑造墨魚汁漬）
河豚（石川　河豚卵巢糠漬）
鯖魚（福井　鯖魚米糠熟壽司）
鯽魚（滋賀　熟壽司）
香魚（岐阜　熟壽司／大分　醃香魚）
鱒魚（鳥取　柿葉壽司）
青鱗魚（岡山　借飯壽司）
鰆魚、窩斑鰶（愛媛　泉屋壽司）
阿拉斯加鱈（福岡　明太子）
鯨魚（佐賀　松浦漬）

植物 海藻類

米（全國 麴黴、熟壽司、清酒、醋等）
大豆（全國 味噌、醬油、納豆、豆腐類全部）
小麥（全國 醬油、烤饅頭、葛餅等）
大麥（九州至離島 味噌、青酎等）
番薯（九州至離島 千丸子、青酎等）
茶（四國 碁石茶、阿波晚茶）
白菜（宮城 醃白菜鍋）
小黃瓜（山形 醃小黃瓜）
辣椒（新潟 寒造里辣椒醬）
雪白体菜（埼玉 醃雪白体菜）
芝麻（千葉 沙丁魚芝麻漬）
薤（栃木 溜漬）

蕪菁菜（長野 蕪菁菜漬）
甲州葡萄（山梨 甲州葡萄酒）
紅紫蘇（京都 柴漬）
瓜類（奈良 奈良漬）
茄子（和歌山 金山寺味噌）
守口白蘿蔔（大阪 守口漬）
柿葉（鳥取 柿葉壽司）
津田蕪菁（島根 津田蕪菁漬）
蓼藍（德島 藍染）
赤土芋（熊本 赤土漬）
鋸齒麒麟菜（宮崎 百足海苔）
蘇鐵（鹿兒島奄美諸島 蘇鐵味噌）

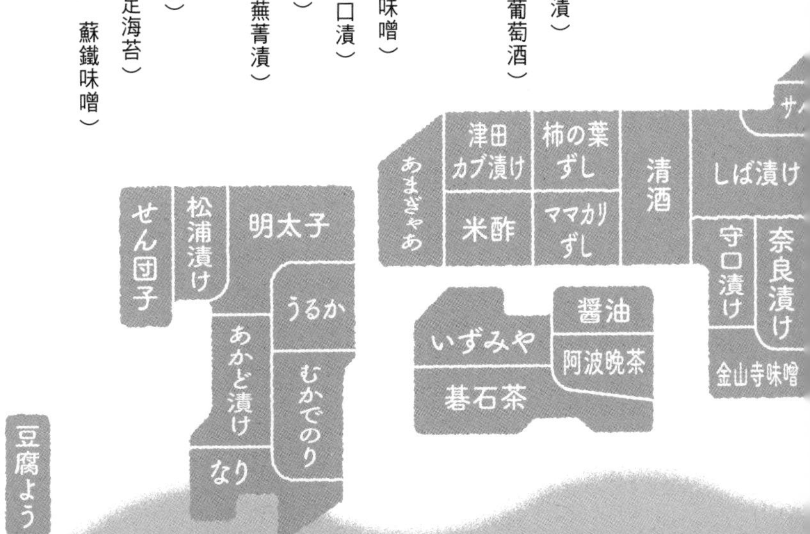

第5章

旅行的體感記憶往北前進

旅行就是持續地移動腳步，從A點到B點。回頭想想，移動的過程其實比旅行本身還要花時間，也就說，從出發地到達目的地之間那一段放空的時間，才是旅行的根本。就連新幹線、飛機、高速公路等交通工具如此便捷的現代都是如此，過往步行（或騎馬）更是佔據了大部分的旅程吧。穿越危險的山林，橫越泥濘的濕地，在夏日的烈陽底下與冬日大雪之中刻苦邁進，有時景色豁然開朗，舒適的微風療癒旅程的疲憊。移動過程中的體驗，不就是刻劃在感觸上的記憶嗎？認識整塊土地的脈絡，閱讀風的流動，感受季節的變遷。

透過體感記憶，旅程教會了旅人們世界的萬象。以日本詩歌寫下土地之名，也可說是將無數旅人們旅行的過程與動機，轉化為文化的一種形式。也就是說，步行能體驗過去人們曾經歷過的感受。

在這趟旅程的開端，我盡可能選擇最有效率、移動時間最短的方式周遊四十七個都道府縣。但我的經驗改變了我的想法，最後我決定改成從日光市今市到福島的會津若松之旅。

*

日光市今市，位在日光東照宮十公里前的大道鎮上。自古以來，既是參訪東照宮前停留的驛站鎮，也是東照宮和江戶（德川幕府），還有與德川家關係深遠的會津連結之樞紐。現今留下的日光街道和例幣使街道[1]，兩旁路樹是巨大的杉木並立，已開通良久，也是近代的交通要地。

今市有名的是溜漬（たまり漬け）的發酵文化，那是用味噌的副產物溜醬油來醃製的蔬菜。原本是當地農民的手作文化，現在是經營四百年以上的老店鋪「上澤家」於戰後販售的鄉土名產。我試著和溜漬的創始者上澤梅太郎商店取得聯繫，沒想到對方似乎知道我，社長與其子佑基先生便帶我參觀倉庫。

上澤家原本是以東照宮管轄內，管理日光所產稻米的村長為創業開端，釀造味噌、醬油等物，成為當地釀造名門確立了地位。接著在戰後，讓上

＊1　德川家康改葬日光山之後，京都的朝廷每年都會派遣欽差到日光東照宮，而欽差經過的街道，變成西國大名的參拜道而繁盛起來。

澤家東山再起的功臣梅太郎，導入最新釀造學並基於地方傳統製造了「溜漬」。就只是用製作味噌剩下的溜醬油來醃漬入味這樣的簡樸製法，像奈良漬一樣多次更換糠床後味道變得濃烈，搖身一變成了附加價值高的高級品。這個商品以「日光味噌的溜漬」販賣，至今仍大受觀光客歡迎，是連在縣外也富有盛名的鄉土名產。「溜漬」以日光名產的薤最為受歡迎，滿滿鮮味與薤的酸甜，以絕妙的比例調配，讓人食慾大開。

其包裝也非常美觀，適合當作伴手禮。也就是說，上澤家是跟得上時代潮流，順應時代發展事業的商家，而它之所以繁盛的首要條件，是因坐落於人潮熙攘的大道鎮，受盡地利之便。

「今晚要在哪留宿？如果還沒決定，我們可以介紹住宿給您喔。」帶我參觀完倉庫後，社長如此問道。

雖然我今晚打算要前往東邊鄰鎮的茨城，但因為今市的城市風光實在太美了，我決定變更計畫。探訪目的地之後，就打算換下一個，這樣也太倉卒了。如果不住旅館，和當地居酒屋的櫃台與常客飲酒，也不到與土地緊緊相連的地方四處走走的話，則無法感受這片土地在歷史上積累的魅力。我留在今市與當地人交流後，果然獲益良多。酒館的常客們很喜歡日光，告訴我很多關於日光的歷史與自然等的事情。光是走在街上，抬頭就能看見以日光為中心的江戶、北關東、東北地區的地理位置，如同地圖般一目了然。

其中讓我最在意的，莫過於今市到會津若松這段穿山路線了。這條路在江戶時代開拓作為會津西街道，現在是鬼怒川線會津鐵路，連接下今市與會津若松間百餘里。穿越山且往會津若松方向的鐵路耶！就算我不是鐵路迷也覺得浪漫極了！

因此，我臨時將旅行的目的地改成位在福島的會津若松，並花三小時搭乘橫越一百公里的當地電車前往。從平均時速三十至四十公里的窗外望去，享盡初冬唯美的綿延山脈絕景。鐵路沿著栃木鬼怒川盡是一片楓紅，接著進入會津旁，漸漸能看見稀零的雪景。這條中世紀開拓的路，因為當時還沒有改變地形的技術，只能沿著山河開拓，一路上蜿蜒崎嶇不已。雖然這樣的山路使我備感困頓，卻也更加瞭解地形。因為身體感應車速，更能感受到「喔，進入北國了呢！」、「離開會津盆地了！」這般跨過區域的感覺。

如同本章的開頭所言「道路教會我的事」就是這種感覺。在那之後，我給自己訂下「盡可能走前人走過的路」的規則。

在即將破曉之際，會津若松的街道自黑暗之中漸漸嶄露出身姿。冷冽的冬日已靜悄悄地降臨在無人城鎮，旅館高處向下俯瞰的街道覆蓋著薄雪，在旭日東昇方向的那座山，應該是磐梯山吧？在那前方，來自工廠的煙冉冉而上。會津若松和今市一樣，街道古色古香，是塊充滿歷史故事的土地。它既是江戶向北延伸的關東終界，也是東北的起始之地。

說到為何江戶和日光有深厚的緣分？是因為會津藩始祖的松平家出身於德川，因此日光在江戶時期是在德川幕府的庇護下發展，但也在幕末與新政府軍的激戰下落敗，最後走向悲慘的命運。喜歡幕末歷史的人對這一代很熟悉吧（白虎隊之類的）。被歷史愛好者喜愛的會津若松，也深受喜愛發酵食品的人愛戴，歷史及發酵和這塊土地有深厚的緣分。既有日本數一數二名酒齊聚一堂的酒街[2]，也有製作酒的基底麴的麴屋，留下很多與麴相關的景點。

我在會津若松拜訪的，是讓人不禁想讚嘆「這就是街上麴屋的榜樣！」的「石橋糀屋」老闆。在這裡有用被稱為「三五八」的麴來醃漬食物的文化。那是以鹽3：米5：米麴8的比例混和所製的米糠床，主要以醃漬[3]蔬菜為主的「麴醃漬」之代表物。三五八醃漬比起米糠醃漬和鹽麴醃漬等還要

＊2 就連「全國新酒評鑑會」的品評會，也有會津的釀造廠接連登記參加。

＊3 雖說是醃漬，但不同於米糠床那樣放在木容器裡，而是用密封袋裝少量的漬床和食材醃漬的簡易方法。

來得甘甜美味，是會津的人們日常的發酵食品，常被重用於日常手作茶點和配菜。不同於米糠醃漬要不斷調整再作業，不需頻繁更換麴床，作法更加簡便，而且三五八醃漬比起單是鹽麴醃漬更有風味，更有行家的味道。不只蔬菜，醃漬的魚與肉等也是令人訝異地順口，這可是既為米的產地，也有大片土地，更是通過日光，與關東貿易來往的會津才有的奢侈醃漬物。

但是！石橋糀屋用麴蓋[4]作三五八原料麴，通常會將用於製作調味料或釀酒的麴放進深底的大箱子（麴箱）裡，或是用更大的池子（麴床），有效率地製作數百公斤的麴。但以一箱只放不到一公斤，又薄又小的麴蓋來製作麴的話，麴菌釋出的熱不易悶在盒子內部，能成為品質優良，也就是更加美味的麴。為了讓熱量適度釋放，將大量的麴蓋像疊疊樂般不停換位，是非常費力的手法，不過一箱的重量很輕，女性或年齡較長的釀造家也能輕鬆駕馭，更適合在小規模家族經營的釀造廠使用。

我在石橋先生釀造廠的販售小店與老闆談笑風生，而當地的人接連不斷地來釀造廠買麴。對於會津若松的人們而言，買三五八並不是為了買醃漬物成品，而是買醃漬床的基礎麴。媽媽們不用說，就連看起來喜愛料理的爸爸們也帶著「我正想醃漬最近摘的蔬菜呢」這樣的笑容來買麴。麴的文化，既

＊4　淺底的木箱。傳統製作麴上不可或缺的工具。

是職人文化，同時也是扎根於土地的手作文化。居住在會津街道上的人們其生活至今仍與麴緊密相連。我抱持著「太棒了！」這樣欽佩的心情，正要與石橋糀屋的老闆道別時，他露出笑容對我說：「話說回來，今晚決定要去哪喝一杯了嗎？」

他介紹了認識的酒館給我，結果不用說應該也可猜到，我整整一晚都沉醉在會津若松街道與酒的溫柔鄉之中。

*

鐵路之旅結束後，我想以開車的方式來體驗旅程。這次我從山梨縣的老家開車前往北邊的日本海，富山。「好好體驗北陸海鮮的發酵文化精髓吧！」我帶著這般高昂的氣勢，一早就開車出發，但才兩個小時多一點，就在大雪之中失去方向。從我家的甲府盆地朝北陸出發，先走中央道到達松本，到目前為止還很愉快，接下來回到一般道路，朝綿延的飛驒高山山道奔馳而去。正值嚴冬季節，車道路面結冰，擋風玻璃被紛飛大雪覆蓋，從駕駛座望出去眼前一片白茫茫。在這樣的情況之下，我得在上下起伏劇烈的道路上左右蛇行才能行駛在路面。「最後在踩煞車的瞬間，車身順著力道旋轉並從崖墜落……」這樣的想法在我腦海中揮之不去。我將排檔拉到最低，小心翼翼地開了一個小時左右。精神緊繃許久，疲憊不堪的我決定到山道旁的小屋復古咖啡廳休息一下。

我一邊欣賞窗外雪景，試著想像一百年前的旅途。在嚴酷的暴雪之中，既沒有羽絨外套也沒有Gore-Tex靴子，當然也不可能會有具備空調的舒適車廂。在整片雪白的視野中，行人們大概就只能戴著斗笠一步步吃力地向前進。就連車子都只能以時速二十至三十公里的速度前進了，徒步（或騎馬）每小時頂多只能前進一或二公里吧。在如此絕望的情況之下，看見前方有一絲絲光亮，看板上寫著「溫泉旅館」幾個字，有種絕境重生的感覺。為什麼在這麼偏僻的地方會有古老的溫泉街呢？明明他們可以在更便捷的地方開店，我常覺得不能理解，但今天我站在旅人的角度就恍然大悟了，畢竟想跨越嚴冬的山，真的很辛苦啊。

＊

我平安地度過飛驒高山，來到富山的平野部。迎面吹拂而來的風既溫暖又濕潤，原來是來自海灣的海風，我沿著神通川而下，抵達宛如能登半島底部凹缺的富山灣。富山灣的淡水部分是來自山間數條河川匯流而入，是半鹹水域的匯集地。僅是看地圖，就有種「這裡絕對能捕獲到非常肥美的魚！」的感覺，就是如此令人垂涎的地形。從富山市往西二十分鐘左右，沿著海灣前行的路途上，有自古以來繁榮的港鎮坐落於此，也就是射水市新湊。富山灣那麼大的峽灣之中，又有許多小峽灣交錯，多重峽灣地形的新湊漁港，盛產白蝦與雪蟹、河豚及鰤魚等代表性漁獲，如此豐沛的漁產彷彿正在宣示「這就是北陸！」。我造訪當天的下午時分，也有看到當地正舉辦海鮮拍賣會。

射水到富山灣一帶，有使用純黑的墨魚墨汁製作，叫作「黑造墨魚汁漬」的鹽辛文化。為了看看「黑造墨魚汁漬」的製作現場，我造訪新湊漁港附近的京吉食品加工工廠。來迎接我的是繼承自江戶時代以來的漁業與海鮮產業等家業的現任社長京谷先生。這裡的產品是以富山灣的北魷來製作的黑造墨魚汁漬[5]。黑造墨魚汁漬的製作方法大致如下。

・將烏賊的身體與腸的部分用鹽醃漬一晚

・鹽醃漬過的魚身清洗後擦拭水氣，切細

＊5　將富山名產的螢烏賊製作成黑造墨魚汁漬的工廠也是。

・切細後的烏賊用添加味醂和鹽等的調味料短暫醃漬[6]，將烏賊墨汁與切細的烏賊肉混和均勻，放置數天至一週熟成

完成品是泛著黑漆般光澤的鹽辛。和一般烏賊鹹辛不同，味道更加豐富美味，彷彿凝聚胺基酸般濃厚香醇，入口的瞬間充滿口腔。

「太、太好吃了！只能在富山吃到也太可惜了！」

趕快向京谷先生打聽，這美味滿點的黑造墨魚汁漬的由來。

「這是在江戶時代，加賀藩[7]教導製作的食譜。傳聞當時加賀藩想著要製作鄉土名產，便派遣考察團到長崎的出島，他們在那裡發現用墨魚墨汁製作的料理而得到啟發的樣子。說不定這個醃漬物是受到大陸與地中海等飲食文化影響的產物。」

咦，那不就是墨魚墨汁的義大利燉飯嗎？

＊6　這個食譜的作法反映出各工廠與家庭間的不同講究。

＊7　江戶時代最大的藩主，領有加賀國、能登國、越中國大半。被譽為「加賀百萬石」。（編按）

「加賀藩似乎熱衷於製作特產，所以結合外來文化，製作出更美味食物！」喜歡歷史的京谷先生如此說道。

北陸和九州距離十分遙遠吧？之前我雖然這樣覺得，但如果順著日本海的潮流乘船而行，也許往返是出乎意料地輕鬆。因為是幾百年前的古老故事，真偽如何已不可考，但還是非常浪漫呢。

夢幻逸品般的黑造墨魚汁漬，與富山馥郁且美味的日本酒很搭，也與紅酒的酸味非常相配，是萬用的下酒菜，應該也會受到義大利和西班牙式的酒吧喜愛。從今以後，可能打破鄉土食物的框架，被更多人喜歡也說不定！

＊

地面與天空皆純白一片，當我來到這個令人目眩的銀白色平原時，忍不住將車窗全開並呼喊著：

「好冷！好白！超棒！」

隔天早上，我從射水沿著日本海而行，開車奔往新瀉方面的妙高，在總是晴朗的日本海沿岸道路上一路向東行。但是在上越附近進到內陸時，忽然遇到暴風雪。妙高位在長野縣北端，是連接飯山的豪雪地帶。這裡與會津若松風雅的細雪不同，無論原野與山、建築物都被大量的白雪覆蓋。在這純淨的雪白世界，來自四面八方的乾燥山風襲捲而來，與剛剛完全沒有下雪且潮濕的富山灣是截然不同的世界。這裡在夏天時應該是一望無際的稻田吧，一邊在平鋪於地面上，宛如美國高速公路般筆直的農道間奔馳，一邊想著要將全身沉浸於乾燥的白雪世界中。氣溫零下五度，就連我吐出的氣息，還有擋風玻璃也因為結露而瞬間凝結成了雪白。

妙高的「寒造里（かんずり）」是僅在此地出產的發酵食品。將辣椒撒在雪地上曝曬後，放在木造容器中醃漬三年左右發酵，這是只有雪國才有的發酵調味料。從每年大寒的日子開始，在雪地上灑下辣椒的這個作業，稱作「雪曬」，更是成為妙高的冬之讚物詩。我拜訪的時候，地方上的人們也前來觀看，現場有點熱鬧，彷彿鎮上在舉行祭典。

關於雪曬。是將夏到秋季間收穫的辣椒簡單鹽漬之後，把跟手掌差不多大的變軟的辣椒，以人力一一輕撒在雪原的田裡，平鋪成一片。雖然看起來就只是單純農作之中的一環，但如同剛剛所提，在那樣銀白世界中，年輕女員工們穿著厚重的保暖服裝，手持籃子，默然地將鮮紅色的物體灑下的樣子，宛如神秘國度的小矮人正在執行儀式般神祕。

為什麼會有這樣的製作方法呢？我向在妙高幾乎是唯一製作寒造里辣椒醬的廠商，其公司名也是「寒造里有限公司」的東條社長詢問。「原本只是簡單的鹽漬辣椒，但在某個很冷的日子，偶然看到懸掛在屋簷的辣椒掉落在地面被雪覆蓋的樣子，當時的人將其拾起嚐了一口，發現味道不僅變得柔和，就連苦味也變少，苦澀也消失了。」

也就是說，這是偶然間誕生的飲食文化。寒造里的製法如下。

・將夏到秋季收穫的辣椒用鹽醃漬一至兩個月左右
・再把用鹽醃漬後變軟的辣椒曬在雪地中數日
・將辣椒與柚子、麴、鹽混和後，在木製容器內醃漬兩年左右，使其發酵熟成
・在第三年的冬天，將整個醃漬的容器搬到倉庫外面冰鎮

・最後以醬狀的調味料出貨

光寫出來就覺得製作過程非常辛苦……。這樣用心製成的寒造里醬，是將辣椒的辛辣味道，用溫和、鮮味、淡甜包裹起來的超神奇調味料。像柚子胡椒一樣加入火鍋中或沾蕎麥麵吃也不錯，配燒肉吃也相當美味。廚房常備它的話，無論何時都能讓料理變得更加美味，非常方便。

*

朝日本海北方前行之旅的終點，是秋田的八森。穿越山形縣邊境的鳥海山，沿著海岸線往秋田市更北的地方去，來到位在青森縣邊界的海港。與海岸線平緩的富山灣截然不同，這裡是嚴峻、石塊嶙峋的綿延海岸線。這趟旅途常常會遇到讓人不禁愣住，想著「這裡是哪裡？」的地方，這個八森港也給人一種「世界盡頭感」。夾雜著灰色的天空配上閃爍著黯淡灰色光芒翻騰的海浪，給人一種寂寞、沉重的氛圍。輕快的瀨戶內海是J-POP[8]，潮濕的富山灣是爵士樂，而沉重又孤寂的秋田海則是——演歌！

我這次來這座港，是想見證大量捕捉日本叉牙魚的瞬間。日本叉牙魚的

＊8　日本流行音樂。起初只是指的是受西方音樂影響、節奏急促的日本流行音樂。其範疇在九〇年代逐漸擴展，幾乎成為可以代表所有當代日本年輕人的流行音樂。（編按）

漢字為「鰰」，是秋田縣民的精神象徵。冬季時期，看準叉牙魚群突然從海中湧來的時機，彷彿在宣告季節的到來。這塊土地的名產在地魚大多為如同叉牙魚般在限定的捕魚季節可以一次大量捕獲的「當季魚」。也就是說，數量多到不可能一次吃完。但魚貝類放著沒多久就會腐敗，因此在這裡的保存技術就是讓發酵大展身手。

在八森漁港的堤防上拿著釣竿等待著的當地叔叔阿姨們，宛如站在電線上的麻雀並排且專注地釣魚。偷偷看一眼他們放在腳邊的保溫箱，滿滿都是叉牙魚！沒錯，八森有名的「叉牙魚祭典」開始了。在港旁邊的工作棚，當地的媽媽協會正要製作「鹽汁魚醬」。在這個正值叉牙魚捕魚期，竟然讓我遇到每年僅一日的機會，太幸運了！

這些媽媽們製作的鹽汁魚醬，簡單來說就是用叉牙魚製成的魚醬。所謂的魚醬，是用大量的鹽醃漬小魚或蝦米（小蝦等），藉由鹽分的滲透壓與微生物或魚本身的酵素起作用而變得黏稠融化，接著過濾上面澄清部分的美味液體而成。其與酒類等並列，說不定是人類文明初始時期誕生的原始調味料[9]。與用穀物製作的醬油不同，魚醬有著如同烤魚般迷人的香氣，更增添誘人的鮮味。

而用秋田的叉牙魚製作的珍貴魚醬——鹽汁魚醬，比起以沙丁魚為原料

＊9　東南亞常見且大家都熟知的越南魚醬、泰國魚露，主要是用鹽醃漬日本鯷使其黏稠融化，在義大利也是用同樣的方式醃漬日本鯷，但皆不取用上方澄澈液體而是直接吃魚肉。

製作的魚醬略為淡薄滑潤，非常鹹，反映出秋田縣民喜愛的口味。這口味應該和昆布高湯也很搭，鹽汁魚醬不管是用在火鍋或是抹在烤叉牙魚上（吃魚又吃魚醬）都很好吃，是秋田當地居民的基本調味料。說日語五十音的「sa shi su se so」的「shi」並不是鹽，而是「鹽（shi）汁魚醬」也不為過！

進入工作棚，內部的空氣異常悶熱。平均年齡超過六十歲的婆婆媽媽們正在清洗叉牙魚、搬運、秤重，並將魚塞入容器裡用鹽醃漬。雖然大家幾乎都默不吭聲，但從那銳利的目光與敏捷的動作來看，我知道他們已經進入「叉牙魚加工生產線」的狀態。年僅一次的祭典，八森的媽媽們彷彿被什麼附身般，潛心製作鹽汁魚醬……我在大家專注工作的空檔，找了相較之下步調較慢的媽媽詢問作法。基本上叉牙魚是不去掉內臟與頭，直接整條清洗後鹽漬的。如此一來，體長二十公分左右的魚在經過鹽漬半年至一年左右後，全身都會完美溶解，搖身一變成了蠱惑人心的深咖啡色發酵液。撈醃漬的容器底部，就僅剩一堆小魚骨而已。發酵的過程中，為了不讓惡臭溢出，每月攪拌一次即可。當味道沉著下來，過濾液體之後即完成（商品要出貨時會加熱，是為了停止發酵[10]）。令人感受到當地發酵的起源，那小小的微生物竟具有如此偉大的力量，發酵文化很不可思議吧。

＊10 是指加熱處理，讓微生物與酵素的作用停止，防止產品品質產生變化。

＊

為了見習鹽汁魚醬的製作，我造訪八森前郵局員工干場先生的家。雖然是由認識的人引薦，但是沒有提前預約時間就前往拜訪，儘管如此，夫婦倆仍熱情地招待我。順帶一提，秋田的民宅幾乎都是漂亮的木造屋，走進寬敞的門面，是挑高天花板的榻榻米日式空間，而地板採用無垢材拼貼，只要住過一次這樣的地方，就不想回都市了！這一帶盡是讓人忍不住這樣想的漂亮住家。

為什麼會有那麼多木造建築呢？是因為林木業繁盛且人口密度較低嗎？

我請住在這麼棒的房子裡的干場一家讓我觀摩用叉牙魚做飯壽司（いずし）[11]的樣子。叉牙魚壽司（ハタハタのすし），廣義而言是熟壽司的一種。但是和滋賀鯽魚的熟壽司不同，除了米之外也用上麴，是非常精緻的鄉土壽司。

・用鹽醃漬叉牙魚並放置一天
・洗掉鹽漬之後再用醋醃漬
・從醋醃漬中取出魚肉，用麴、米飯與剁碎的白蘿蔔及生薑等材料混和，在

＊11　東北到北陸一帶製作的熟壽司的其中一種。與西方一帶僅用鹽米魚三種來醃漬的熟壽司不同，常加入麴或蔬菜來醃漬。

木製容器裡醃漬
・放置兩週左右讓其發酵，將成品取出，連同麴或米食用

光是聽製作過程就可以猜到絕對非常美味！我止不住笑意，用手從容器中取出叉牙魚壽司，並嚐了一口，果然大為驚豔！它既沒有熟壽司固有的腥味，也不是米糠醃漬那麼複雜的風味，反而是優雅的淡甜、鮮美，帶些高雅的酸味。雅致……這是我所知道的熟壽司中最優美的味道。

「在魚肉與麴醃漬的過程中，添入砂糖的家庭很多，但我們家添加了少量的味醂。因為我們喜歡讓麴的甜味更鮮明。」

叉刀魚壽司，是秋田完美結合了沿海的海鮮文化，以及內陸農村的麴文化做出的發酵傑作，與爽口且強烈的秋田在地酒一起享用的話，簡直人間美味！

*

再次跨越日本海，北之旅的終點是北海道的標津鎮。北方領土的國後島近在眼前，是道東地區的盡頭。妙高與八森等地的氣候已經非常冷了，但這裡可是異於尋常的嚴寒。入夜會驟降到攝氏零度以下，光是呼吸肺部就是一陣冷冽，些許寒風吹來，耳垂彷彿都要結凍了。

我想在標津邂逅鮭魚的發酵文化。這裡從繩文時代開始，就殘留著人類捕捉鮭魚的歷史痕跡，至今鮭魚仍是大家信賴的標津商標的象徵。也就是說，這裡是和鮭魚共存的港鎮。

要講述標津這塊土地，首先就得介紹鮭魚的生態才行。標津主要捕捉的是白鮭。這種魚在河裡誕生，在海裡成長，接著再溯溪而上產卵，是在海與河皆能存活的生物。標津有數條小河匯流於海，也就是說，在鮭魚產卵的秋季之時，這塊土地就是鮭魚們的歸鄉。試著想像一下繩文時代。平常過著狩獵採集，遷居生活的繩文時代祖先們，當秋季來臨時就會齊聚在標津，大家緊湊在河邊，大舉將溯溪產完卵的鮭魚一條條圍捕，作為過冬的重要蛋白質來源。說到短時間內大量捕捉到的魚，就必然會碰上「該怎麼保存」的問題，在那裡一定有北海道在地的發酵技術吧……因此，我和道東的朋友一起調查時，發現稱作「山漬（山漬け）」的鮭魚加工產品文化。

我們來到標準的漁業合作社，這是與人口規模僅五千人左右的小鎮不相襯的大規模漁港，巨大倉庫排立著。我們前往山漬的製造現場參觀。

- ．去除鮭魚的鰓與內臟，用水洗淨後切塊
- ．在鮭魚表面與切開的腹部內仔細搓入鹽分
- ．將鹽漬的鮭魚裝進箱裡多層堆疊，並在上頭壓重物
- ．數天到十天左右，用重物和鹽將水分去除，同時讓味道熟成
- ．將鹽分洗去並將魚身吊起使其乾燥，大功告成

山漬傳統的製作方法就如同上述（會根據製作的漁夫或製作商不同而有些許出入）。似乎是因為將鮭魚像山般堆疊起來醃漬，所以被命名為「山漬」。這作法消除鮭魚的腥味，並將風味緊密濃縮，魚肉也變得緊實起來，讓鮭魚作為食材提升了一個層次。完成的山漬，將魚身輪狀切塊來吃，現在似乎很常被拿來烤來吃，但在以前聽說是像火腿一樣切片，直接生吃。

「以前，是大概什麼時候的事情？」

我也無法肯定。畢竟山漬的歷史似乎要追溯到江戶時代，愛努人與日本人相遇的時候。

＊

為了調查山漬的起源，我們拜訪了歷史民俗資料館，在那裡發現很有意思的屏風畫，畫上是江戶後期的景色。穿著應該是愛努民族服裝的人們，與身穿和服的人們，同心協力捕捉溯標津川而上的鮭魚。木造房屋前的廣場，日本人與愛努人和睦地一同工作，而屋內居然是成山般堆疊的鮭魚，不就正在製作山漬嗎！

「標津在明治政府正式開拓前的黎明期，是愛努人和日本人接觸的重要地點之一。」

博物館研究員小野先生細心地解說……。十八世紀末，松前藩[12]管轄下的商人在標津開拓漁場，把愛努人當成奴隸般殘酷對待。愛努人因為無法忍受如此暴政，掀起了名為「國後目梨之戰」的反叛之爭，這是標津近代化的

＊12　松前藩為日本江戶時代渡島國津輕郡（現北海道松前郡）曾經存在的藩，當時佔有蝦夷地一帶壟斷交易圈。與近江商人的往來相關細項請參照專欄（116頁）。

開端。在那之後，愛努人的立場變得有點微妙，因為標津和北方領土變成牽制俄羅斯南下入侵的國防最前線。

所以，考慮到對俄的關係，幕府不能對已經與他們有貿易往來的愛奴人們置之不理，開始對愛努人施行同化政策，但這已是江戶末期的事情。接著代替殘酷的松前氏族監督標津的是會津藩，怎麼會這樣！福島會津若松和道東標津竟然在此連在一起了。

接下來的內容更加有趣。因同化政策而被派遣的會津藩南摩綱紀一開始說：「這可棘手了。明明因為幕府的動亂而讓藩陷入生死存亡的危機之中，現在竟然還要被下放到這麼北的邊境……」

據說他因此陷入低潮。但當他發現標津豐富的海產資源，以及知曉愛努人們與自然共存的方式，還有對事物的看法時，可能心想。「咦，莫非標津其實是個很棒的地方，而愛努人也是非常善良的民族嗎……？」

這樣改變了他的想法，甚至期待會津藩能在標津振興的樣子。雖然南摩綱紀暫且是以同化政策的名目被派遣而來的，但實際上他似乎對於愛努人的文化與世界觀非常贊同[13]。這個屏風畫描繪了在會津藩統治的時代裡，日本

＊13 詳細請參閱《不為人知的幕末會津藩》（歷史春秋社出版）的小林修之解說。比較南摩前往標津前後的漢詩後，能讀到南摩心境的變化，南摩的考察文章〈文明之說〉也記載著對愛努人的理解與認同。

人和愛努人關係和諧的美好瞬間。

幕末維新，式微幕府底下的會津藩也跟著沒落。日本人與愛努人的美好時代也告終。如果他們的關係持續下去，也許北海道的愛努歷史將會變成截然不同的面貌。從日光邁入會津，北至日本海的道東標津之旅，有不可思議的緣分相繫著。

山漬可能是愛努人最一開始製作的鮭魚干物與日本人鹽文化的融合產物吧。當時幾乎沒有務農的道東之地，維他命不足可能造成問題。將生的魚肉變成美味食物的山漬，應該對於攝取維他命有所助益（愛努人有豐富的草藥文化，也許是要治療日本人的腳氣病[14]吧）。

然而，吃生魚雖然具有防止加熱而造成維他命失失的這項優點，但反過來說，就有寄生蟲與病菌等引起的食物中毒之風險。除去內臟，且用高濃度的鹽與發酵作用製成的山漬，不僅增添美味又營養，也降低了食物中毒的風險，是非常棒的智慧結晶呢。

順帶一提，從不要的內臟中用腎臟醃漬熟成的產物叫作「鹽味鮭魚腎臟（めふん）」，是廣為珍饈愛好者所知的紫黑色鹽辛。還有將胃裡雜物取出後切碎，用鹽醃漬的產物為「鹽味鮭魚胃（ちゅう）」，品嚐起來如同內臟燒烤鹽辛的珍饈還不錯。用鹽醃的筋子（被卵巢薄膜包覆的魚卵）也變得Q

＊14　維他命缺乏症。在二十世紀知曉原因之前，被稱為國民病，非常普遍，曾讓日本人們煩惱不已，船員等職業也常因此而喪命。維他命是非常重要的！

彈美味，筋子也用乳酸發酵。我在漁業合作社聽到這件事情，曾感到訝異不已。發酵技術把標津的整條鮭魚都變成了美食！

*

我從標津中心開車約十分鐘左右。接著朝國後島的方向前進，漫步於地理上如同勾針般突起的野付半島。海灣完全結凍，一望無垠的銀色沙漠如此廣闊，我搞不清楚哪裡才是地平線，無論上下淨是一片雪白，純粹透明的世界。

數千年以前就有在這裡生存的民族；兩百年前，有因這塊銀白土地的富饒而來的民族；眼前能看到的大海那一端，也有與冰雪和鮭魚相依而生的民族。他們後來都到哪去了呢？

在銀色沙漠的彼端，我能看見蝦夷鹿群奔馳而去的身影，側耳傾聽，能聽見從遠處傳來，來自外海的浮冰喀喀作響的聲音。

Column

從北前船看近代海運歷史

在追溯發酵文化時，到處都能聽到「北前船」這個詞。發酵既是地方上的活動，同時也是具有價值的貿易商品。因此不得不探討尾道的醋（第三章）影響中世紀到近代日本的海運狀況。

連結日本海北端到瀨戶內海的西迴航線

北前船也被稱作「西迴航線」，從東北通往北陸，從下關附近進入瀨戶內海，通過廣島抵達大阪。這個環繞日本西側的航線，是中世日本物流的重要支柱。尾道的情況，是從秋田運米並加工成醋，逆向沿著日本海販賣的路線。似乎還有將長崎出島進口的絲線運送到大阪，在回程路線之中運送出口用的鮑魚等高級加工食材的國際線存在，此商業行為的重點是在中途港替換商品，並不僅是運送既有的東西，還在卸貨的地點購入當地的名產，再到別處販賣，看準了多個商機……如此一來，便成了海之商人鬥智的日本夢舞台。

北海道的開拓與松前藩

在蝦夷地被開拓得差不多的江戶中期以後，航線擴大到北海道，北前船文化的大躍進時代終於來臨。滋賀近江商人相當活躍，他們在北海道最南端的松前設置貿易據點，裝載北海道的名產昆布與鯡魚等，運送到本土賺取巨額利潤。當時，近江商人們位在北海道分店的松前藩町上標津的鯡魚，這就是愛奴人被當作奴隸般恣意使喚的原因啊。隨著北海道航線的開拓，大量的昆布被運送往本土，湯頭文化便在庶民之間普及了起來。

與北海道航線的象徵昆布並列的是鯡魚。鯡魚去除頭與內臟後曬乾，變成能長時間保存的「鯡魚乾（身欠きニシン）」，是便宜的庶民食材。在大量收獲的狀況之下，居然也被送去做堆

北前船的主要停靠港

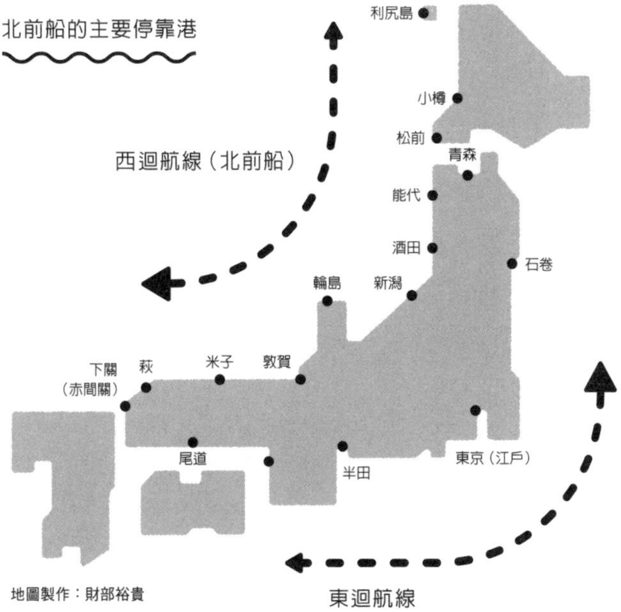

地圖製作：財部裕貴

肥的製作材料。東北的鯡魚蕎麥麵（ニシンそば），以及北陸的白蘿蔔壽司（大根ずし）等必有菜單，能一窺當時盛況的痕跡。

東迴航線與酒

隨著江戶城的發展，連接太平洋端的東迴航線也開始變得熱鬧起來。東迴航線是指從津輕到江戶，連接大阪與江戶的「以江戶為中心」之海運。

航線載運最多的物品之一就是日本酒，被稱為樽迴船，載運大量巨大酒樽的船，從大阪邊界或愛知的半田等地，朝江戶前進。特別是兵庫的灘以及京都的伏見運送到江戶的酒被稱為「上品酒」，變成高級酒的代名詞。現在在廣告上耳熟能詳的劍菱、菊正宗，以及月桂冠等，就是「上品酒」的子系。

第6章
當地常見基本款發酵點心關東之旅

這是在廣島時碰到的一段小插曲，那天好像在體育館有棒球比賽的關係，街上充斥著穿戴紅色POLO衫及帽子的廣島東洋鯉魚隊粉絲，路上也塞滿了紅色的馬自達（Mazda）汽車，整個城鎮被熱情地渲染成大紅色！瞬間讓人感受到當地球隊及車子製造商是多麼地深受人民喜愛。

在日本各地都存在著「當地基本款」的飲食，這是受到當地男女老少喜愛，沒有這一味每天生活就會變得乏味不已，從上一代傳承下來的地方媒因（meme）[1]。從年底到新年這段期間，我為了找尋「當地基本款」的飲食而參訪了關東各地。

說到群馬最具代表性的食物，那就一定要提到饅頭。大口享用蒸過後鬆

＊1　生物學者理查・道金斯（Clinton Richard Dawkins）以文化基因提倡的概念，跟土地一起傳承下來，帶有當地風格的無意識東西。

鬆軟軟的饅頭，或是塗抹上味噌醬後再烤過的饅頭，皆是群馬男女老少的樂趣。

「咦？群馬的饅頭是發酵食品嗎？」

沒錯，找尋這個饅頭文化的源流時，就會找到使用甘酒做成的酒釀饅頭（酒まんじゅう），我就是為了吃到這個發酵饅頭而來到群馬。首先前往的是製作原味饅頭的「角田製菓」，這是一間位於高崎跟前橋交界處帶有高雅氛圍的饅頭店，我一邊說著「不好意思」一邊踏入店內，發現整個空間充滿了蒸饅頭的香味。

「不好意思，現在正好在蒸，請稍等一下哦！」

角田秀治先生帶著歉意站在櫃台前這麼說（我突然來打擾才不好意思），並且先讓我看一下店鋪內部的製作現場，將這座小工廠環視一圈，手作感一目了然。角田先生的店鋪秉持著自古以來的傳統作法，將甘酒狀的酒種噗滋噗滋地發酵後，產生的發酵品與麵粉混合讓其宛如麵團般膨脹，接著並不是烤（bake），而是拿去蒸（steam），如此一來就會跟烤成表皮酥脆的西式麵包不同，蒸出鬆軟且有彈性的誘人白色物體，那就是群馬當地基本款饅頭。因為無添加的關係，這個誘人質感會隨著時間而變硬，在角田製菓，客人們會坐在店內座位區一邊喝茶一邊等待饅頭蒸好，在我前往店內參訪的時候，也有許多當地人紛紛進入店內等待饅頭出爐。

這就是拿到剛出爐饅頭的喜悅！

接著參訪的是「原嶋屋」總本家，位於高崎市隔壁的前橋市，這間店是前橋居民內心的故鄉，創業超過一百六十年的群馬原創「燒饅頭（焼きまんじゅう）」老店。這家店的等候室具有濃濃茶屋氣氛，讓人彷彿置身於時代劇中，並且還設有圍爐，在等候室正前方就可看到燒饅頭正在烤得酥脆的樣子。

「燒饅頭究竟是什麼呢？請於一百四十字[2]內說明。」

這是酒饅頭的活用篇章，將饅頭塗上味噌醬後，像烤雞一樣將表皮烤得酥酥脆脆的群馬代表靈魂食物，基本上是當作小點心享用，但因為份量頗大，所以也可以當作午餐或是非正餐時間肚子餓時食用，外皮酥脆內層鹹甜

＊2　社群網站推特（Twitter）日文版的貼文字數限制。（編按）

鬆軟。剛烤好的熱騰騰燒饅頭配上茶一同享用，真是太棒了！（123字）

我詢問了第五代老闆燒饅頭的起源，他說燒饅頭原本是在「緣日」等特殊節日舉辦的祭典中，營業的攤販所販售的庶民美食。在明治時代以後，因成為勞動者可快速食用的速食而大受歡迎，變成全年販售的固定產品。其證據就是充滿在原嶋屋總本家的等待室裡等待饅頭的客人們，原本以為只有較年長的媽媽們而已，沒想到還有穿著西裝的中年男士跟年輕媽媽、小孩們，可說是符合所有年齡層的最強當地基本款。

當地人熱愛饅頭文化，對我來說印象最深刻的是每個人在等待時的神情——沒有人露出不耐煩的表情，全都帶著期待的眼神等待著饅頭出爐。因為饅頭很快就會變硬，那最美味的瞬間不是隨時在哪都購買得到，必須自行前往特定的場所，在製作現場等待。在等待時，可以喝杯茶放鬆心情，和朋友家人聊天，或是放空想事情等，剛做好的饅頭富含著日常生活的味道。

在這裡要跟大家再說一個發酵小故事。

在神奈川縣川崎大師的參道上有一個奇特的葛餅（くずもち）文化，所

謂的葛餅就是使用奈良吉野葛粉製成的關西點心代表，但是這個川崎大師的葛餅不使用葛粉，那是使用什麼呢？就是發酵過的麵粉。

迎接新年到來的參道上裝飾著紅黃綠等多彩的暖簾及旗子，喜氣洋洋，我嘗試地問了小商店販售甘酒的老婆婆，知不知道謎樣的發酵葛餅。

「以前在這裡是用麵粉製作葛餅的哦！到前一陣子為止，這裡有比現在還要多很多的商店，是說我的店以前也有在做葛餅賣給來參拜的人們，不過，你還很年輕卻喜歡甘酒，還蠻特別的耶！」

沒有這回事，現在喜歡甘酒的時髦男子也有很多。

沿著參道再往前走，發現一間開在公寓一樓的小間葛餅店，在店門口往內探頭東看西看時，老闆娘出現了。

「哇！從山梨縣來的，歡迎你遠道而來，等我一下哦！」

店老闆從工廠裡面走出來，說要讓我看發酵葛餅的製作現場，從店鋪旁進到公寓的公共空間，發現樓梯旁堆積的塑膠桶中傳出一陣不可言喻的味道。

「就是在這裡將麵粉浸泡在水中的。」

打開塑膠桶蓋子，在白色混濁的水深處隱隱約約可以看到沉澱物。

然後，這、個、味、道！

迎面撲來刺激鼻腔深處的強烈酸味，用手沾一點舔看看發現，非常的酸，咦？這個味道我好像知道，對了，這就是奈良日本酒的傳統作法，將蒸米放入生米及水中浸泡後，靜置一段時間產生乳酸酸性水[3]做出的酒母味道，是澱粉沾上天然乳酸菌時散發出來的獨特香味，沒想到會在川崎大師的點心店喚起這段記憶，這個……這個……發酵時間是多久呢？

「這個，長的話大概是一年左右吧！」

什麼！這麼長的時間？這個葛餅比想像中還要更加確實地進行了發酵！

將麵粉浸在水中後再取出長時間發酵途中分離出來的澱粉沉澱物，為了

＊3　可抑制雜菌繁殖的釀造用水。

去除強烈的發酵臭味及酸味而反覆清洗沉澱物，最終變成濃稠白色泥狀，將這個白泥蒸過後就會變成富含彈力的葛餅，再淋上黑蜜及黃豆粉這兩個黃金拍檔就完成了。發酵時的強烈味道消失了，變成帶有些許酸味的Q彈口感，啊！真是幸福的味道。

詢問老闆葛餅的起源時，老闆說傳聞在江戶時代發生水災，造成儲藏麵粉浸水的慘事，沒想到浸泡一陣子後，麵粉分離成澱粉沉澱物，發現這樣就可以做出年糕，真是充滿謎團的起源。不過可以確定的是這是和關西葛餅擁有不同起源的點心。

而這個川崎大師的發酵葛餅跟群馬的饅頭一樣，都會隨著時間而變硬。

「請盡量在當天享用完哦！」

在談話的最後，請他們讓我拍下兄妹與姪女的三人合照，我有種與樸實、雪白且高雅美味的葛餅變成家人的感覺。

點心充滿了生活於那塊土地上人們的氣息以及日常生活的喜悅，因為屬於不吃也不會死掉的正餐間點心，所以刻印有那塊土地的「期待」，不是生存必需品，但是沒有的話就彷彿沒有活著的感覺，這樣的東西是否就是「文化」呢？

最早是為了讓食物不要腐敗，為了生存必須使用稀少的食材來補充營養而想出的加工技術，最後昇華成像是燒饅頭或是葛餅這樣小確幸的庶民美食；生存技能變成享樂技能，追求享樂而聚集起來的交流變成文化母體；等待饅頭蒸好的空間跟時間，與饅頭本身一樣重要，一回神發現在遠離強烈目的意識的場所產生了交流。在這裡度過的美好時光形成的回憶，或許是將離開這塊土地的人們帶回故鄉的鄉愁也說不定。

雖然只是區區的點心，也是非常重要的，點心是聯繫交流的美好文化。

Column

發酵創造出景觀

我現在居住於被稱為山梨峽東地區的丘陵地，是一塊一直以來以釀造葡萄酒跟種植葡萄出名的土地，從初夏到秋天，許多來到這裡的人們都被這個景色所感動。山丘上佈滿葡萄田，整片的葡萄田中點綴著古老寺廟及酒廠的獨特景色是扎根於山梨縣的葡萄酒釀造業所營造出來的。

葡萄酒原料的葡萄無法長時間儲藏，因為容易碰傷的緣故，無法運送到遙遠的地方。因此，酒廠一般來說都必須要建造在葡萄田旁，而且釀造過程非常簡單，葡萄的品質幾乎等於葡萄酒的品質，大部分的酒廠也都是由自家公司親手栽種葡萄。也就是說，酒廠可稱為這塊土地上葡萄栽培的守護者。

葡萄酒對於與土地的強烈連結所產生對「風土文化」的尊重也深深地扎根於日本傳統發酵文化，小豆島的醬油文化創造出來的巨大木桶景色、京都伏見的運河與釀酒廠交織出來的優雅街景等，在日本各地都可看到當地釀造產品孕育出來的壯麗景觀。

而且，最近釀造文化開始擔負起當地的農業未來。以日本酒來說，日本酒原料的米與葡萄不同，因為保存期限較久，不需要特地使用當地生產的米。但是隨著釀造技術發達，「無論誰都能用好品質的原料製作出八十分的酒」這個商品一般化漸漸盛行的關係，流行轉向目標不是做出滿分的酒，而是著重於做出與其他產品有區別的味道。擁有釀酒廠的地方也開始尊重風土民情，使用與當地擁有深厚淵源的在地米來釀酒。

為了種出品質好的米，而與當地農

家一起進行技術改良，或是招募年輕農家一起進行腦力激盪，最終也肩負起延續當地稻作文化的任務。

發酵文化製作出來的不只是美味的食物，還有交流、美景、帶來人群等的正向循環。

第7章
從發酵看經濟 重新認識日本近代史之旅

看來，發酵就好像從文明開化前的江戶時代開始，就替日本帶來龐大的資本積蓄。使用海路進行都市間的大規模交易，為了大量生產商品而積存的資本，接著為了運用此資本而開始了資金借貸（第一章八丁味噌的故事），宛如伴隨著海路開拓而發展出近代資本主義的大英帝國。

在產業巨大化中最顯著的就是日本酒，至室町時代為止，神社佛寺祭拜用的釀酒，或是家庭內小規模手作濁酒，皆在戰亂結束邁入和平的江戶時代時急速發展。成為其發展中心地的是兵庫縣的灘地區，建立起延續至今的日本酒釀造手法，不同於手作產品的品質不均，成功達到能組織化生產，保有穩定品質的酒，這是從江戶初期到中期，十七至十八世紀的事情。在超市及便利商店常看到的「劍菱」與「菊正宗」，創業時間則可回溯到三百五十年至三百年前。

「咦？江戶時代的首都，不是關西是江戶對吧？」

確實沒錯，釀酒是江戶時代開始前從關西發展起來的，在那之後進行了遷都，而誕生出中世紀世界人口密度最高的江戶街道。在這時候發生了「生產地與消費地分離」的現象。在關西釀酒，在江戶販售，促使在太平洋一側連結關西與江戶海運的東迴航路[1]興盛起來。其實關西的釀酒據點原本大多在奈良的寺廟神社、大阪淀川沿岸的攝津（探訪大阪醃漬物之旅時去過的地方啊！）、池田以及堺一帶，但是因為江戶這個巨大的消費市場誕生，所以利於海運的兵庫縣灘區被選為日本酒生產據點，從這裡將不可勝數的酒用船運往江戶。在全盛的江戶後期，光是灘地區一年就可製造出五十萬石[2]，也就是五千萬公升的日本酒。順帶一提，二〇一〇年日本全國酒的生產量大約為三百萬石左右，江戶時代人口只有現在的五分之一而已，這樣算起來，真的是很驚人的量。

想像一下，每天滿載著日本酒酒樽及酒瓶的船從港口駛向江戶，與現在不同的是當時有遇到海難的風險，及因為沒有先進的科學技術及設備，所以應該也會有酒腐壞掉的風險吧，但是其獲利可以大幅超過這些風險所造成的損失，釀造日本酒可說是非常賺錢啊！可以產出高利益的釀造業後來衍伸

＊1　參照117頁專欄。

＊2　一石等於一百公升。（編按）

成不單單是專屬於灘區，就像是現在的ＩＴ新興產業一樣，在全國各地開始誕生。進入明治時代後，釀酒證照取得難易度降低，釀造廠數量就像是開玩笑般多得不計其數，看統計數據可得知明治二年時，總共有兩萬七千間釀造廠[3]，這是真的嗎？從明治到大正，日本酒產業規模更加擴大，這其中隱藏著政治因素。

首先從西洋導入最新微生物學，開始釐清一直以來充滿謎團的微生物動態，由政府主導開發出不易腐敗的釀造法。

「為什麼政府要做這樣的事呢？」

這問題很精準哦！當時首屈一指的產業——日本酒，是國家重要稅收來源之一，如果酒腐壞的話就無法課稅，因此以國家政策來進行開發新技術，這個時候被開發出來的是添加科學物質的釀造法，以及開發穩定發酵的微生物等，成為今日釀酒基礎[4]。

就這樣將釀酒品質從細節到整體進行改良之後，人民喝的酒量變多，相對的稅收就會增加，這個循環支撐了富國強兵政策。明治時期的日俄戰爭，或是昭和時期太平洋戰爭開戰時，常用日本酒來發揚國威、煽動好戰氣氛，

＊3　詳情請參閱《日本酒近現代史》（吉川弘文館）。

＊4　現在的酒類綜合研究所開發出各式各樣的技術，協會酵母的開發、推廣，還有添加乳酸的速釀法等是其代表。

當時有許多印有戰旗或太陽旗的豬口杯與德利瓶就是最好的證據。酒稅用於軍需，酒則用於鼓舞前往戰場的士兵們。

邁入第二次世界大戰末期，擔任藏人的成年男子漸漸消失，原料的米也罄盡，日本酒釀造業開始崩壞，戰爭結束時，釀酒廠的數量剩下全盛時期的十分之一，大約只有三千間左右。

酒讓日本人沉醉於富國強兵之夢，而這個夢最終殞落。

*

一月底，淡路島，天明的清晨五點時，我一邊揉著睡眠不足的眼睛，一邊進入「都美人酒造」的釀酒廠，為了體驗製作日本酒的工作而來到這裡，都美人酒造是經歷過從江戶時代到現代這段兵庫日本酒製作變遷歷史，從中艱辛地存活下來的傳統釀酒廠。都美人位於淡路島西南方的南淡路市，由淡路島南部十間釀酒廠於昭和二十年時合併創立的，也就是為了從戰爭末期困苦時代中存活下來的小型製造商聚集起來創建的釀酒廠。占地廣大，巨大的倉庫、精米廠以及儲藏庫鱗次櫛比，可窺見在昭和結束時，擁有一萬石以上生產量的光輝時代餘韻。不過大部分的設施現在已經沒有在使用，這幾年的生產量比起全盛時期減少許多，只有五百至六百石左右而已。

順帶一提，日本酒生產量全盛時期是昭和四十八年，大約一千萬石的量，現在只有三分之一了。都美人在高度經濟成長期時投資了大型設備，大量生產大眾酒，再批發給灘區的大型釀酒廠（稱作整桶販售，為酒的OEM製造）。過去以這種方式維持經營，但是進入平成時期，日本酒釀造業整體沒落，整桶販售的需求變少，承包的中小製造商陷入危機，有許多釀酒廠在這個時期都紛紛歇業，但是都美人堅持撐了下來，並重新審視大眾酒這種大量生產方式，改成以生產少量帶有特色的高級酒為主。

收我作為一天限定弟子的是都美人的杜氏[5]山內先生，來自石川能登，大約四十歲左右的年輕棟樑，而且因為長相年輕且肌膚光滑的關係，看起來宛如跟我同年或是比我年紀還小。

我從早到晚跟著山內先生到處走來走去。

都美人是個開業將近八十年左右的年輕釀酒廠，但是據說釀酒廠內部分設施是從合併的酒廠那搬遷過來的，整體風格獨特，天花板挑高。充滿開放

＊5　釀酒師傅，如果說社長是事業負責人的話，那杜氏就是釀酒製造現場的負責人。

感的空間擺放了釀酒桶、蒸米的器具、榨酒的設備等。釀日本酒的過程比紅酒或是啤酒都還要複雜，需要大量的設備，因此在僅有的空間上塞滿了製造用機器和材料。但是都美人現在生產的酒量不到全盛時期十分之一，所以空間非常寬敞，走在沒有人煙的暗處時，讓人彷彿身處於失落的古代神殿般。

「十二年前被社長召喚，從能登來到淡路島，首先做的就是不再使用以前用來製作大量生產的設備，而是回歸到親手釀造的方法。」山內先生一邊笑一邊這麼說。

但是這個轉型並不是毫無顧慮、可以邊笑邊完成的簡單工作。為了取代可以自動生產出麴的製麴機，山內先生親自設計了使用雙手製作麴的空間（麴室），並請當地的木工來建造出來，停止用巨大的酒桶一次製作單一種類的酒，而是將少量的各種酒以酒桶區分，細心管理。用這個方法製作出來的酒不是賣給大盤商，而是貼上自家品牌的標籤，賣給熱愛品牌的粉絲們。

在高度經濟成長的時代，將規模做大，進行均質化是最正確的作法。但是在迎向經濟成熟時期，人口從增加轉變為減少的現代，暫且先縮小規模，重視的不是營業額的「規模」，而是利益的「價值」才有未來。不要盲目追求成長，要重新審視原點。

「我想要追求日本酒的王道，想要做出能夠讓人感受到長年累積下來的美味造酒工藝的酒。」

山內先生笑著的眼神內靜靜地閃爍著光芒。

其實我一直以來相處的日本釀酒廠，大多屬於不拘泥於傳統的個性派。但是，遇到山內先生後，讓我領悟到日本酒的王道與美好。

*

在這裡要再更深入的探討都美人的釀酒方式，這是針對喜歡日本酒的人解說的，如果沒有興趣的話可以跳過。

追求王道的山內先生釀酒特徵如下：

・無論是什麼類別的酒都使用基本的麴菌跟酵母去釀造

・使用絕佳技巧的山廢酛做出獨特口感及酸味

・使用帶泡性酵母使味道變濃厚

這三個特徵讓我覺得非常有趣，接著來一一為大家說明。

二〇一〇年代以後的最新流行是釀造吟釀酒[6]，通常會使用專門用於釀造高級酒的微生物。山內先生卻故意不這麼做，而是使用了幾十年來被當作標準的基本款微生物，再來是山廢酛[7]，這是山內先生的根本、能登杜氏[8]的必殺絕技。等待住在釀造廠內的天然乳酸菌自己進來酒桶後再來製作酒母，重點是用來控制酒母酒桶內溫度，形狀像是鐵製茶壺，被稱作「暖器」的器具用法——將注入熱水的暖器放入酒桶內旋轉來調節酒桶內溫度變化緩急，藉此讓菌適當活動，透過靈活運用此技術，做出不同於生酛一樣重的口味，但是確實能保有其餘韻的獨特酸味。

最讓人吃驚的是酵母泡沫，酵母活潑地發酵時會產生泡沫，而這種泡沫量少的「無泡酵母」[9]則是現今釀酒的標準規格，但這是品種改良過的酵母，原本日本酒酵母會產生大量泡沫，而泡沫量多的話，酒桶內能釀造的酒量就會變少。因此使用「有泡酵母」的釀酒廠是少數派，但是使用有泡酵母釀造出來的酒其味道，也就是酒體非常紮實。

雖說是基本口味，但是酸味濃厚，而且相比之下酒體較濃郁。充滿甜味

＊6　將原料米削半，不吝惜職人製作功夫釀造而成的高級酒。

＊7　正確來說是「山卸廢止酛」，不進行將蒸過的米搗碎來培育出乳酸菌的「山卸」作業，而是使菌自然加入的釀造法，非常地困難。

＊8　誕生於奧能登的杜氏集團，在日本全國多數的杜氏集團中算是在日本全國活躍的菁英集團之一。

＊9　透過品種改良而生成泡沫量少的酵母，因為泡沫量少的關係，可以釀造近乎一整個酒桶滿滿的酒。

的中等酒體的酒，無論是冰的或是熱的都很好喝，這就是山內先生追求的日本酒王道，也是生活於日本酒大國——兵庫縣庶民們喜愛的日本酒口味。

「在我們這裡最便宜的『普通酒』[10]也是用山廢酛釀造的。都美人從以前開始就受到當地民眾喜愛，淡路島與都會的灘區或三宮不一樣，有許多漁夫跟農家，都美人的清爽酸味及酒體，非常適合當作重度勞力工作後飲用的酒。」

在結束釀酒廠工作，全身因不習慣重度勞力工作而感到筋疲力竭的傍晚，我與山內先生喝一杯在外頭放到冰涼的山廢純米酒，雖說是喝，不是小酌一口的喝法，而是像是喝啤酒一樣咕嚕咕嚕地喝，完全融合於口中般地順口，一邊滿足喉嚨的乾渴，一邊擁有「喝了酒哦！」的充實餘韻。

「太好喝了！」

忍不住大叫一聲，這裡真的是天堂！

跟藏人們歡樂地喝起酒，過一陣子後，山廢普通酒從冰涼的酒變成加

＊10 相較於用米和水釀造的傳統純米酒相比，添加了規定量外的釀造酒精且採用近代之後的釀造法製成的酒稱作「普通酒」。一般的普通酒大多有添加醣類，但是像都美人這樣不添加醣類，精心釀造的釀酒廠也不少。

熱過的燗酒，這是公認最美味的酒，當地農家及漁夫熱愛的地酒口感真的非常厲害，味道強勁，同時也喝不膩。貼近當地愛酒居民的需求，卻又不犧牲任何味道，集所有美味於一身的都美人酒，帶有地方性，卻又有種純樸的味道，總之真是太棒了！

酒宴結束，晚上八點前，我就在休息室的榻榻米鋪上的床墊睡著了。深夜因為有人打開休息室的門所以醒來，是在宴席上唯一沒有喝酒的藏人。

「麴的準備結束了，所以來拿一下酒。」

照顧麴菌到深夜，在那之後喝的酒比什麼都還美味，暗處中他的背影訴說著結束一整天工作的充實感，以及享用到自己親手釀造的酒的喜悅。

人類的時間終於結束了，從現在開始到天亮，屬於釀酒廠內微生物們的時間到來了。

＊

這段旅程回憶中的風景，不知道為什麼大多昏暗且模糊不清。

比起充滿鮮豔陽光色彩的世界，大多偏向大雪紛飛或是鬱鬱森林而朦朧不清的世界。在釀造廠內暗處中工作的微生物們，無法用肉眼清楚捉摸的複雜且模糊身影深深烙印在腦海中，映照在光線中的景象只有一個，但是浮現於黑暗中的景象會隨著注視的人不同而有不一樣的風景。如果從外部照射進來的光線無法投射到的話，那就讓自己的記憶變成光線，而喚起這個記憶的也是超越時空的聲音。

在肉眼看不到的世界中取代「光」傳達的是「聲音」，那是宛如在耳邊輕輕訴說般喃喃細語，雖然小聲但是可以傳達到耳朵深處，那是傳遞訊息前的呼吸聲、低語聲，凝視黑暗深處，就可看到聲音，這個聲音從很久很久以前、從幾百年前就開始呼喚著。我遇到了這些被遺忘的聲音們，只要能夠聽見，就會發現日本列島各地充滿了聲音，是從森林深處、土壤之中、水面底下傳來的輕聲呼喚。

*

在江戶時代發生的釀造大改革中有一個意外的主角，那就是木桶。

在老字號的醬油釀造廠或味噌釀造廠中可見到無法一眼望盡，還需要抬頭才看得清楚的大木桶，這是日本獨特的文化，好像從來沒有看過用超過自己身高來釀造紅酒或是威士忌的木樽。畫著江戶時代釀造廠的畫卷或是版畫中，可看到釀造家在宛如可放入幾噸醬油或是味噌的木桶上或是裡面工作的身影，如同小矮人一般。到昭和後期為止，日本各地還存有許多木桶商店，繼承這個獨特巨大木桶文化，但是隨著釀造容器從木桶變成便宜的不銹鋼或是琺瑯製的酒桶，製作木桶的技術只能邁入消失這條路，現在製作大型釀造木桶的店鋪，只剩下位於大阪府堺市一家而已[11]。

從這個危機中振作起來的是小豆島的山六醬油，位於瀨戶內海上的小豆島以醬油島出名，島內有二十一家醬油釀造廠。在島中心的街道上，只要轉個彎就可看到醬油釀造廠，可說是日本首屈一指的醬油文化匯集地。

此外，小豆島也是日本最強的巨大木桶聚集地，島內最大規模的丸金醬油內擺放了幾百個巨大木桶，可看到讓人平衡感麻痺的巨大景色，據說比起金屬製的釀酒桶，木桶更容易棲息釀造廠獨特的微生物[12]，聚集在同一塊土地上的各個製造廠為了強調自家特色，木桶是一個重要因素，因為這個原因，島上的釀造廠無庸置疑地繼續使用擁有超過一百年以上歷史的木桶，小豆島就是這樣的木桶大國。

小豆島老牌製造商之一的「山六醬油」，其大家長山本先生為了守護

＊11　WOODWORK株式會社，釀造者們強烈希望「不要收起來！」。

＊12　杉木的纖維對微生物來說是容易棲息的環境，適應釀造廠環境的發酵菌生態系會影響到醬油風味。

島上醬油文化的未來，而學習了巨大木桶製作技術，也就是將看起來即將走向消滅的命運用個人力量讓其逆流，「木桶不死」光是這樣就是一個空前偉業，但是山本先生又再想了一個對策，那就是教導其他釀造業者木桶製作技術，一年一次於新年過後，在釀造廠舉辦木桶製造研修會。

「拓，你也來幫忙吧！」

因為他的邀請，我高興地趕往小豆島，到達之後發現，雖然名為「研習會」，但是實際上是從全國聚集了許多釀造家的「木桶嘉年華」。抵達會場——山六醬油後，發現現場有許多熟識的釀造廠老闆，一到現場就發出一連串的「耶！」互相擊掌打招呼，就這樣一步一步地被捲入木桶製作作業。工作結束後，從傍晚開始舉辦數十人的大宴會，認真議論中不時摻入黃色笑話的奇妙熱烈氣氛持續到深夜，然後隔天從一早又開始充滿精神地製作木桶，這樣的流程持續了兩個禮拜，可說是場瘋狂祭典（很可惜我只有參加兩天），釀造家的體力真驚人。

在這個研習會上，我第一次接觸到木桶製作細節。

「日本木桶的祕密在於竹子，因為研發出竹子桶箍[13]技術，才能製造得出巨大的木桶。」

山六醬油的山本先生這樣說。歐洲木樽的桶箍主要是使用鐵環，但是用鐵箍將木頭綁在一起的方法不適用於製作巨大木桶。理論是這樣的，木頭隨著季節變化呼吸，在乾燥的冬天體積會縮小，潮濕的夏天則會膨脹。使用鐵箍的話，木頭沒有膨脹的空間，則會破掉，或是為了不要破掉，而將鐵箍放鬆的話，則會造成內容物從木頭縫隙中漏出來的問題，尺寸越大膨脹就會大，所以木樽只能做小尺寸而已。

相對之下，竹箍是怎麼做成的呢？首先將竹子編織成像是皮帶一樣的東西，這就是從外表可看到的竹箍，但是實際上將木頭綁起來的是夾在竹箍跟木頭表面間，用繩子以螺旋狀綑在棒上被稱為「芯」的東西。與鐵箍以覆蓋方式綁住木頭表面相比，竹箍是透過芯的繩子摩擦力將木頭綁住，以螺旋狀纏繞起的繩子並不是覆蓋在木頭表面，所以有伸縮的空間。而用竹子編成的皮帶則與木頭、繩子不同，因為不會伸縮的關係，成為可防止桶子散掉的堅固屏障。具有彈性的芯與強硬的竹箍，在這兩層的保護下，可達到既阻止木頭膨脹，又能防止內容物漏出的效果。

＊13　將竹子像是編辮子一樣編成繩索，日語中有一句話叫作「タガが緩む（弄鬆桶箍）」，意思是放鬆心情。編桶箍是一件非常難的事。

隨著這個創新的作法出現於江戶時代初期，木桶漸漸越做越大，容器越來越大代表的就是一次可釀造的量越來越多；釀造量越來越多，就必須要有大規模的原料採購及根據特性進行縝密的製作。先前提過的日本酒釀酒的創新，應該也是誕生在這個潮流下吧。在木桶大型化之前，酒應該是先像濁酒一樣單一階段釀造就可以完成，但是在內容量有幾噸的大型木桶無法一次裝入所有的原料進行發酵，因此誕生了首先釀造少量的酒母，再將酒母移到大木桶，分作三次加入原料釀造酒被稱為「三段式釀造」的方法。如果木桶一直維持小型尺寸，那在都美人進行的精緻酒母製作，以及階段性釀造法都不會誕生吧。

像莫內與梵谷等人的畫作，在十九世紀流行的色彩鮮豔風景畫，其誕生背景與顏料創新有相當大的關係，一直以來畫家在室內自行調和的顏料改良成可輕易攜帶外出，而變成可以在戶外畫油畫。隨著徠卡（Leica）這種可攜式相機的問世，亨利．卡地亞－布列松（Henri Cartier-Bresson）與羅伯特．卡帕（Robert Capa）發明了新聞攝影這個新的新聞學。同樣地，日本的釀造技術也隨著木桶這個基礎設備的改革而變成藝術，同時支撐著經濟。

「我希望能夠將小豆島變成木桶平台。」

糀室

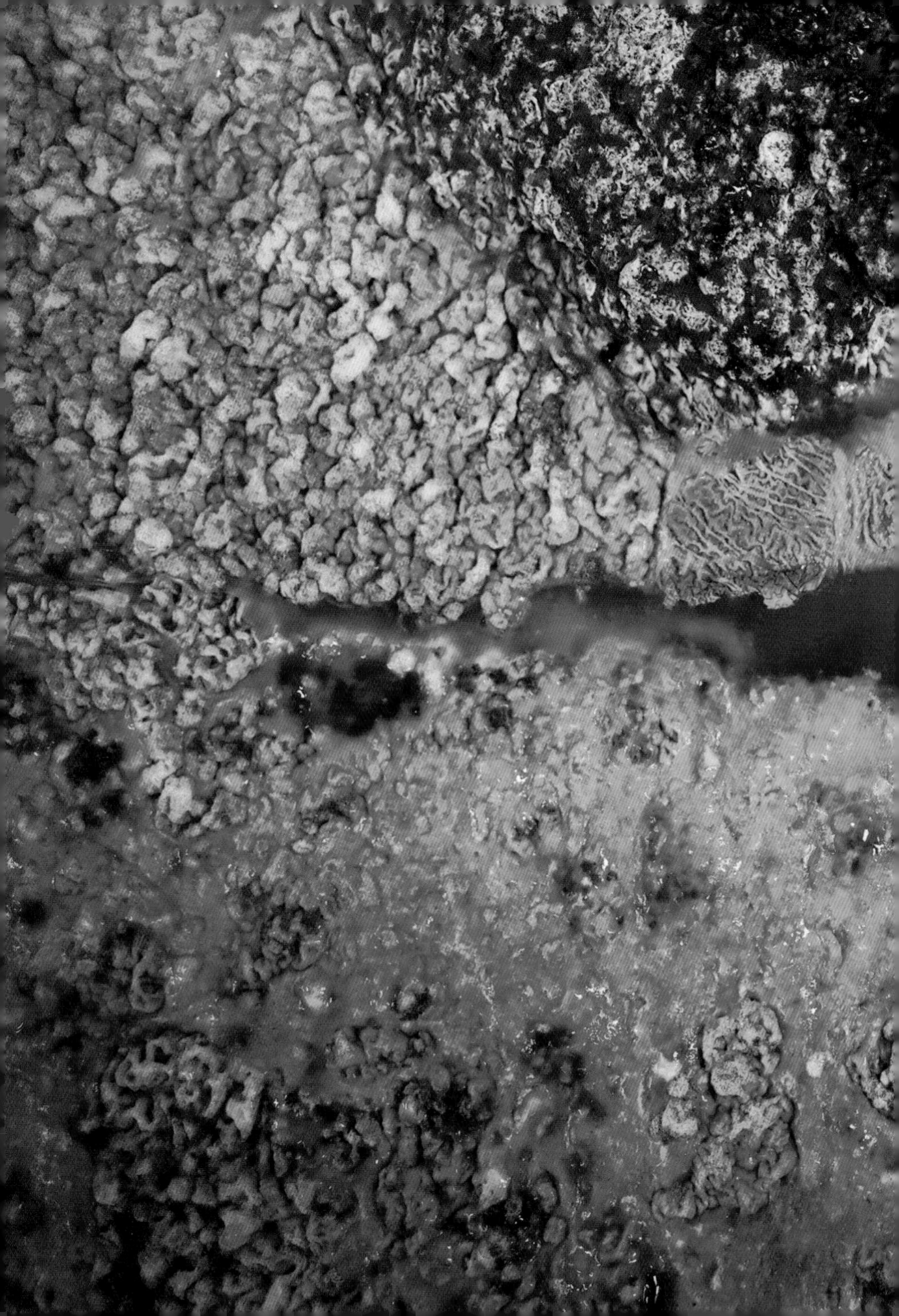

山六醬油的山本先生這樣說。全國釀造家聚集在這個島上製作木桶，並且將其帶回自己的土地，保養方法也在這裡學習，而這個技術因此傳遞到每塊土地，就這樣再一次地將木桶的傳統再生，而且是以彷彿是音樂嘉年華般的歡樂祭典為起點。

「必須要守護傳統！」皺著眉說這句話的人周遭不會聚集著人群，將自己親手學習的流程變成像是娛樂般，並且開放跟大家共享，這就是山本先生說的「平台」。一個人的熱血帶來了幾十個喜愛祭典的人，幾十個喜愛祭典的人不知不覺中創造出帶動幾千、幾萬人的活動，這個瞬間推翻了原本以為不可抗拒的命運。

看著山本先生的活動，讓人對於以「神明視角」來看歷史這件事感到丟臉——像神明一般地俯視著世界，宛如自己是預言者般說著「世界潮流必定會變成這樣」。你到底是哪位啊？

時代通常在「自己也身處其中」的狀態下前進，潮流並不只是「發生」，也可以「創造」。將開始的事情與同伴分享，享受這個過程正是「活在現在」。

這個木桶交流有一個規定的歡呼方式，在宴會和會議結束時，大家會握拳舉起這樣大叫。

「Yattaru（樽）[14] de-okke（桶）[15]！」

*

小豆島還有一個別名為Kerii小姐擔負著醬油界未來的友人黑島慶子。身為醬油職人的女兒，從小與醬油一同成長，選擇將傳遞醬油文化為職業是一件再自然不過的事了。因為她的努力宣傳，也讓年輕世代重新認識精心製作自家釀造醬油的魅力，是個有熱情、品味與知識的醬油界傳道人。

與這樣的Kerii小姐一同拜訪小豆島的醬油釀造廠時，無論去到哪裡都會碰到熟人打招呼說：「Kerii小姐，最近好嗎？」然後開始話家常。對Kerii小姐來說，小豆島的釀造家們都像是親戚一樣，她是在小豆島這塊土地上被醬油文化培育長大的「島之女兒」，她的存在「與土地緊緊相連」，也因此成為文化守護者。

＊14　taru是「樽」的日文念法，Yatta是日文「太好了」的意思。（編按）

＊15　日文「木桶」發音okke跟英文OK相近。（編按）

與她剛出生的女兒一同登上可以看到大海的小山坡，煙囪裊裊炊煙的醬油釀造廠林立區域附近的港口是峽灣，海面風平浪靜。小豆島本是盛行製鹽的土地，但是進入江戶時代後，鹽田技術普及全國，為了尋求更有附加價值的事業而向海對岸的和歌山縣湯淺鎮（探訪金山寺味噌時前往的場所！）學習釀造技術。之後以醬油之島發展起來，到關西、中國與四國的主要都市皆交通便利，且峽灣地形水災不多，擁有這樣條件的小豆島因為運送醬油到各地而開始繁榮，而這段歷史的接力棒接著交給了山本先生跟Kerri小姐邁向未來。與醬油一同走過來的小豆島歷史，並不是抽象的傳承，而是交給了有生命的人，傳統並不存在資料內，而是存在於人類體內。

＊

白與黑，年輕與熟成的活力。

持續探訪日本酒與醬油的製作現場，讓人深深地思考了日本的美感。

日本酒在其歷史上追求「白」、更仔細來說是「透明」。本來是黃色混濁狀的「濁酒」，因為釀造法改良的關係進化為透明清澈的「日本酒」，喝日本酒時最常使用的蛇目豬口杯[16]內兩圈藍色圓圈，是在品酒會時用來確認

＊16　白色陶器杯底畫有兩圈深藍粗線的杯子，容易確認酒的顏色。

日本酒透明度，顏色混濁的酒在評鑑會時會被扣分，並不只有色澤，日本酒文化追求純淨的口味、宛如清水般地順口以及沒有雜味[17]。

這也顯現在麴上面，麴菌的孢子在剛誕生時是白色的，但是隨著成長超過一定時間熟成後，顏色就會變深，到這個狀態的話，酒香就會受到破壞。因此，基本上在麴尚未完全熟成時就會進行酒的釀造，白米上的白色孢子生成純白色的麴釀造出清澈芳香的酒。

相對於日本酒，醬油的王道是「濃口」，濃縮滿滿的鮮味，接近黑色的深咖啡色是最基本的[18]，與新酒最受歡迎的日本酒不同，醬油是熟成時間越長等級越高，在小豆島的山六醬油有一種用醬油下去釀造醬油，花上四年的時間使其熟成，集結了濃縮與熟成極致的「再釀造醬油（再仕込み醬油）」，現在被當作主力商品，製作醬油的麴也與酒麴不同，能強烈地引出像大豆及炒過的小麥產生鮮味的醬油，其麴的顏色是灰綠色[19]。所有的醬油都朝向「濃厚」這個目標。

空間也可看出有趣的對比。

對日本酒釀酒廠來說打掃是非常重要的。上午釀造工作結束後，就開始

＊17　特意強調被當作雜味的風味流行近年受到矚目，像是廣島的竹母或是千葉的寺田本家等。

＊18　也是有像是淡口醬油或是白醬油等的淡色醬油，但這是少數。

＊19　乍看之下像是發霉成綠色的果實或是石頭，與酒麴相比讓人不覺得是麴。

努力打掃，釀造告一段落的夏季時期，就是釀造廠跟設備的清掃季節，藉由仔細保持環境清潔來防止雜菌入侵損壞酒的風味。

再來看醬油釀造廠，以木桶釀造的醬油釀造廠老店禁止草率地打掃，為了不趕走居住在釀造廠或是木桶上的微生物們，不進行會變更環境的打掃。堆積於釀造廠牆壁及木桶上的灰塵與微生物殘骸凝結成塊，宛如鐘乳石洞般的結晶密密麻麻地附著在上面，多種生物及時間的積存擔保了味道的特色。

清爽帶點酸甜口味的「年輕」日本酒與濃稠厚重風味的「熟成」醬油；沒有雜菌的乾淨釀酒廠與隱匿多種菌類宛如洞窟般地醬油釀造廠；沒有髒污的乾淨白色與擁有陰影的深奧黑色。這彷彿表現出日本傳統文化同時重視這兩種特色的不可思議雙重標準。

*

你看，清澈的吟釀酒配上生魚片時，不可或缺的是漆黑的濃口醬油吧？白與黑組合在一起時，就會誕生出至高無上的絕美體驗。

從關西穿越瀨戶內海東側的淡路島後就會來到德島，從前被稱作阿波的這個地區，在中世紀時是西日本經濟發展最蓬勃的土地，促成其躍進的原動力又是一個跟發酵有關的商品——藍染。

「騙人的吧！藍染跟發酵有關嗎？」

關係可大了，使用藍色的染色技術「藍染」是控制複雜的微生物力量做出的發酵染色。而且，藍染要進行兩階段原理完全不同的發酵程序，讓我娓娓道來當時探訪現今仍是一團謎的特異發酵文化故事。

首先簡單說明藍染的概要：

・將名為蓼藍的植物其乾燥葉子以草席包住發酵成腐葉土狀（第一階段）
・將熟成的蒅（すくも，蓼藍葉發酵成的藍色染料）[18]溶於鹼液中讓其發酵做成染料液（第二階段）
・將布浸入發酵的染料液再拿出來接觸空氣，這兩個步驟反覆進行多次讓顏色固定

簡單來說就是這樣，藍色就算是不經過發酵程序的普通植物染也可以上

＊18　也有工房會將完成第一階段發酵的藍色染料包起來放置數月後再使用。

色，但是就會變成像哆啦A夢那樣的淺藍色，而透過讓蓼藍葉子發酵成腐葉土狀來濃縮藍色色素，接著再讓染料液發酵重複進行染色動作，形成深靛藍色，並且比植物染更難褪色。藍染可說是非常深奧的工藝技術。

接著來看細節，首先從第一階段將蓼藍葉子變成腐葉土製作成蒅（藍色染料）這個步驟開始，讓我們觀摩製作現場的是新居製藍所。位於從德島市跨越吉野川後往西行一點的地方，可看到非常不可思議的蒅製作現場。

穿過新居製藍所的入口處後，空氣中飄著一股刺鼻的味道，是氨臭味，進入內部由土壁組成的房間後可看到蒸氣繚繞，蓼藍葉子發酵後散發出強烈熱氣及氨臭味。進入工房後，眼淚流個不停，在這個白煙裊裊的環境裡，製作蒅的職人們使用耙將堆積如山的蓼藍葉挖出來，接著身為藍染師的新居先生用舀水瓢將水舀起後，再以完美的弧度將水灑落於蓼藍堆成的小山上，將這個動作重複進行多次，接著將這座小山漂亮地翻轉過來，用水弄濕後蓋上草蓆，最後在上面放上一種像是憑代（神道教術語中的yorishiro是一種能夠吸引神靈的物體），被稱為藍神的東西後就完成作業。

「堆積葉子讓其發酵是最初的步驟，蓼藍堆成的小山表面會生成白色的黴菌，將這座小山用草蓆棉被蓋住保暖，定期翻動並澆水後，接著黴菌會開始工作產生熱能跟氨臭味，為了促成發酵，需要補充空氣（用耙翻動的作業）及水分（灑水作業），重複多次之後，樹葉就會被分解成蒅。」身為藍染師的新居先生對我這麼解說。

但是微生物種類及具體的代謝作用好像還是一團謎，我也查詢了所有能找到的論文，但是現在還是不清楚詳細原理。

然而我看過許多農家堆肥時的樣子，可以大概推測其原理，最初黴菌附著於上並破壞葉子的細胞膜，接著呼吸空氣進行動作的細菌類跟被稱為系狀菌的微生物們食用並分解從細胞膜漏出的醣類及蛋白質，這時因為呼吸產生的熱氣使得蓼藍堆成的小山內部溫度漸漸升高，接著是在高溫環境分解植物堅韌纖維的微生物放線菌越來越活躍，最後溫度降低時這段時間，食用纖維分解後留下來殘渣的細菌類聚集於此，使其變成了腐葉土，像這樣與堆肥類似的過程也發生於蒅了嗎？在哪個步驟將靛藍色素濃縮了呢？

然後將花數個月製成的發酵過蓼藍葉放入袋子，包裝成商品，這是藍染原料的蒅，到這裡為止是第一階段的發酵。

接著是第二階段的發酵——藍染現場。

從這裡開始要交給藍染工房及染色專家，拜訪梶本先生位於德島市內的工房時，正好是讓染色液發酵過程途中，打開存放染色液的甕時可看到閃爍著銀河系紫色的染料液正在噗滋噗滋地發酵著。

順著染色液製造過程順序說明的話，首先將混入灰與石灰的水放入蒅[19]，這也就是在強鹼水環境中讓蒅進行變化的意思，接著被稱為藍還原菌的細菌類等能耐強鹼的特殊微生物們就會開始活動，蒅發酵後溶於水中，就會製作出帶有銀河系紫色的染色液了，接著將布浸泡於其中一陣子，取出後在戶外風乾，透過與空氣接觸後產生變化形成神奇的藍色。

這其中也包含了許多我的推測，讓色素附著於上的原理可從控制PH值中觀察到，首先蓼藍中的靛藍色素因為做成蒅的關係而被濃縮，平常被鎖在葉子內無法外出的色素在高鹼性的環境中變成游離狀態，然後在布上游離的靛藍色素與空氣接觸後產生變化，再加上PH質下降的關係，而讓色素保留於布上。

嗯，有點令人難以理解。舉例來說，平常都關在家裡的宅男被帶到充滿女生的派對上，在派對上廣受女生歡迎的宅男突然間變得很外向，與在派對認識的女生發展成戀愛關係，接著順勢在女生家同居。靛藍色素＝宅男，派

＊19　梶本先生會先將蒅混入貝灰，加入加熱過的木灰汁後，再加入當作營養素的日本酒等。

對會場＝染色液，女生＝發酵菌，然後女生家＝布！就這樣完成了漂亮的藍染布。

＊

從現在的德島市到美馬市一帶，吉野川沿岸的平原從江戶到明治都是蓼藍田，吉野川流域是時常發生水災的地區，但是適合栽種喜愛帶有濕氣土壤的蓼藍，洪水氾濫時會將田地的土壤更換，具有防止連作障礙的效果（也因此不適合稻作），新居製藍所的所在地上蒅製造工廠林立，從吉野川將產品的蒅放上船經由瀨戶內海運往全國，德島曾經是日本的「藍之首都」。

藍色是中世紀日本的基本色，釀造廠的法被（日式外套）及穿在腰上的布巾都是藍色吧。在身分制度嚴格的江戶時代，庶民禁止穿亮色系服裝，在那之中被准許的顏色就是藍染的靛藍色，比起植物染還要不容易褪色。棉布、麻布及絲綢皆可染上顏色，布料變得更強韌，也不會引起肌膚不適，充滿機能性的藍染是庶民最熟悉的染色法，擁有廣大需求。

說到藍染產業，有一個重要關鍵，藍染工房在日本各地都有，但是藍染原料的蒅其生產地則很有限，其中阿波為高品質蒅的名產地，全國各地都有消費需求，但是生產「原料」的場所有限，這就是商業上最強的必勝模式。從江戶到明治的阿波特產「阿波藍」越做越賣，而且因為沒有競爭對手的關係，可說是黃金產物。

這個時代，德島將蒅賣到全國各地，極盡興盛，江戶日本橋附近販售蒅的藍商人們的商社鱗次櫛比，因為蒅生意而變成大官富豪的「藍富豪」輩出。

然後說到德島最著名的就要提到阿波舞，這個阿波舞文化據說其實是從藍富豪的交際應酬中誕生的[20]。中世紀祭拜祖先時的盆踊[21]版本之一、阿波舞轉型變成藍富豪們在花柳界的演出節目，因此漸漸地減弱宗教感，變成大眾娛樂，阿波藍的興盛可說是流傳至今的阿波舞文化開端。

＊

支撐日本近代化的日本酒及成為其基礎設備的木桶，還有德島的阿波藍文化，每個都是近百年前支撐日本的重要產業，但是，從那之後到現在看起來是邁向衰退一途，這些文化是否會被時代潮流吞噬而消滅呢？對於這個狀況，我想要帶著自信說出「不」！

＊20　詳情請見鍛治博之論文《近代德島阿波藍的普及及影響》（社會科學第45卷，2016）。

＊21　日本盂蘭盆節，眾人聚集跳的舞蹈。（編按）

思考看看透過將大量生產、一次進貨的型態變成少量生產、發展多種型態來將利益最佳化的都美人案例，縮小營業規模並不是退步，反而是創造出獲得更多熱衷粉絲這個成果的積極策略。

並不是均質化，強調當地特色產品的價值提高的話，釀造廠特色的木桶文化也會復興。以山六醬油讓木桶復活這件企劃為起點，持續創造出跨越全日本的交流。

阿波藍呢？

在這裡也捲起新的潮流，像是新居先生這樣的職人們努力守護的傳統，透過年輕藝術家以新潮表現方式再度詮釋，而且這個潮流並不只停留在日本國內，在我拜訪的那個藍染工房，有來自荷蘭的藝術家們前來研修，為了再度挖掘出歐洲遺失的藍染技術而來到日本，在他們使用了藍染的作品上，可看到不同於傳統工藝的嶄新表現。

在現實層面，不太能像以前一樣把酒、木桶、藍染作為國家基本產業，雖然無法成為國際化產業，但還是有塑造成擁有固定客群的獨特產品的可能性，具有深遠歷史意義誰都無法模仿，顯現地區性溫故知新的文化，發酵就是擁有這樣的無限可能性，而這個特色因為具有地域性，所以可以跨越國境與其他國家的地區有所連結，進而互相理解。

現在，在日本各地開始以發酵為題的新潮流，不只與日本，也與世界各地開始的潮流結合。並不是小東西被大東西吞噬而消失，而是小東西漸漸茁壯，進而引起大變化，就像微生物一樣。

Column

發酵與信仰

此專欄以第二章時提到的「酉」、「酒」、「醬」、「釀」的漢字故事為開頭，發酵文化與信仰及祭神儀式其實擁有深遠的關係。

古代亞洲的世界觀

在古代中國，「酉」的象形文字是酒壺，這指的是釀造酒或放調味料的甕，同時也代表候鳥及候鳥飛來的西方，並且，甕的用途並不只限於調理用，也是埋葬個人的棺木（甕棺墓），這個多層意思創造出「釀」這個含有生命復甦形象的文字。

日本的發酵宇宙論

古代日本也繼承了這個古代亞洲世界觀，代表創造生命的力量、場所的古語「むすび（連結）」也被當作「產す魂（產す為出生，魂為靈魂）」及「蒸す（蒸煮）」的借字，就像麴一樣，藉由蒸穀物而創造出生命復甦的基底。日本最早的歷史書及古事紀開場的神明誕生一幕中有一段記述，宛如黴菌生長般地出生的土地之神擁有聽起來很美味的名字「可美葦牙彥舅尊」，在溫暖潮濕的日本環境，生命宛如黴菌般大量誕生於肉眼看不到的地方，因此透過蒸煮這個料理方式來整理出微生物們容易工作的環境，可說是擁有這樣的世界觀。另外，釀造酒的甕被稱為「たしらか」，這也是用來淨化天皇雙手的神具。

酒神—松尾大神

京都市西邊有一間被稱為松尾大社的的神社，是間在釀造相關人士之間相當出名的神社，這裡祭拜的松尾大神是酒神，每年全國釀酒廠來到這裡參拜並捐獻酒，在參訪各地釀酒廠時，仔細看看工廠應該會發現神棚上祭拜著松尾大神，松尾大社位於離洛中有一點距離的不可思議場所，但是在平安京成立前就存在於此地，是間擁有古老歷史的神社。順帶一提，松尾大社的象徵圖像是烏龜跟甕，也就是將流動的水停留於此進行釀造的場所。

其他還有像是島根縣出雲的佐香神社，是古代神明們進行為期數個月的酒宴之地，長野縣諏訪的御座石神社則是古事紀女神奴奈川姬款待濁酒之地，因此被記錄於文獻之中。

海鮮與祭神儀式

大家知道祝賀時使用的禮簽紙[22]起源嗎？其實是起源自中國的乾燥鮑魚，將高級品的鮑魚加工食品化簡成繩子啊。

靜岡縣的西伊豆有將浸泡過鹽的鰹魚曬乾供奉給神明的文化，就像是慶祝稻作豐收一樣，現今在伊豆諸島的神津島上持續舉辦慶祝海鮮豐收的祭典，最終鮑魚的加工文化發展成煮貝（醬油醃鮑魚）、鰹魚的加工文化發展成柴魚片。

藍神與生意興隆

不只有酒與魚，竟然也有藍染的神明！只要去到製作蒅的現場，蓼藍堆成的小山上都會放有不可思議形狀的憑代，這稱為「藍神」被奉作為藍染的守護神。距離德島市不遠的佐那河內村裡，有間大宮八幡神社供奉著藍神。

日本各地充滿了發酵與祭神儀式的信仰，我家附近以釀造紅酒出名的山梨縣勝沼，竟然有手持葡萄的藥師如來，還有一間感謝可防止葡萄生病稱作波爾多液農藥的神社，其名也是「波爾多神社」。

只要有發酵的地方，就有信仰！

＊22　日本賀禮上會附上的一張印有紅白蝴蝶結的白紙。（編按）

第8章

生活於邊境的智慧
九州之旅

二十五歲左右的我以設計師的身分獨立，但在東京的工作始終沒著落，有天朋友介紹了地方的工作給我，這工作似乎頗適合我，我開始到從來沒聽過的地方遊歷，感受當地的生活以及文化等，並記錄下來。一開始讓我感到震驚的是奈良和京都的街道，還有錯綜複雜的大街小巷名字、古建築皆散發出「我們可是比江戶還早就存在了！」的氣勢。當然這些我在教科書上早就學過了，但對於當時侷限於東京生活的我而言，認知到「具有不同原理和歷史運作的土地」的存在是非常具有衝擊性的。在那之後又過了數年，這次我到九州工作，又被偶然看到的景色震驚了，彷彿到處都在展現「我們可是比飛鳥時代還早就存在了！」。

地圖上，朝鮮半島與九州北部距離很近，中間也有壹岐島和對馬等中繼站。接著九州西部，通過東支那海傳來來自中國東岸的族群與文化[1]。奄美

＊1　經歷無數文明的興亡造成的民族遷移，似乎讓漢民族以外的人們渡海而來。

琉球地區受到台灣及東南亞諸島的文化影響深遠。與在關東地區所說的「我們從繩文時代就到這裡狩獵採集了！」[2]不同，這裡是在亞洲眾文明成立開始就一直是人、情報及物資交流的地方。也就是說，在飛鳥朝廷建立以前，文明發展最早的地區[3]——就是九州。這次與歷史背景及地方文化皆和本土迥異的九州邂逅，其發酵文化絕對是獨一無二。

四十七都道府縣之發酵巡禮的尾聲，是九州不為人知的加拉巴哥化發酵巡禮之旅。

＊2　我居住的山梨與長野山區，是個繩文遺址很多但彌生遺跡很少的地方。

＊3　從邪馬台國開始，由豪族佔領的小國聯合時代。

＊

在二月底到三月間，來自南方的春息拂面而來。抵達宮崎車站時，我將脫下的外套掛在臂彎出站。寬闊的車站，筆直延伸的大道上兩旁是搖曳的椰子樹，天氣晴朗，溫度大約十五度左右。不久之前還在嚴寒之中參觀日本酒的釀酒廠、製作木桶的我還真是難以置信，我終於來到國境之南了！

「似乎有叫作百足海苔（むかでのり）的不可思議食物。」

我循著從宮崎友人聽來的傳言，首先先到當地收集情報。

雖然是題外話，但我想說說關於我這次旅行方式的變更。其實以前我在旅行出發之前，一定會先取得對方的同意才動身，這是為了節省彼此的時間應該做的，但後來我決定不再如此。因為這樣的話，就只能遵循「別人已經走過的道路」而行。就像翻閱書與雜誌，或在網路搜尋得到消息後而再前往探查的話，反而碰不到我想找的東西了。

「那麼，你究竟想看到什麼呢？」

我真正想看的是，在那塊土地上從古至今仍持續運作的釀造現場。如果是街上店家或工廠，或者是家庭現場手作的話最好。更準確地說，我想看見預想之外的未知事物。愛媛的泉屋壽司、北海道東側的山漬、青森的乳酸發酵麴納豆（ごど）[4]、山形的醃小黃瓜（煎じきゅうり）[5]、宮城的醃白菜鍋（あざら）[6]等，在旅程推移的過程之中邂逅的獨特發酵文化有如此之多。如果我堅持照著行事表，「接下來是這裡，今天就來預約這裡的住宿」一板一眼的話，就無法遇見有趣的事物了。沒有預約，順其自然，明天的事情明天再決定。乾脆先把自己送到那裡，到那裡再行動、思考，如此一來就

＊4　在青森縣十和田，有用納豆和麴混和而成的謎樣鄉土料理。

＊5　一種傳到山形縣鶴岡的小黃瓜泡菜。

＊6　醃白菜鍋，宮崎縣氣仙沼的漁夫料理。

能為了適應旅程而鍛鍊直覺與反應能力。

這份直覺就類似，當我想知道的某情報時，似乎看見可能握有此線索的人或地點閃閃發光的那種感覺。正因為什麼都還沒決定，若被問到「現在要來嗎？」，我就能毫無懸念地回答「馬上到！」。

所謂的旅程，就是將自己放空並委身於機緣，這才是最有趣的。

＊

在沒有頭緒的狀態下，想得到當地發酵資訊有兩個方法。一個是隨機與在街口偶遇的歐巴桑攀談；另一個是找到在地味十足的餐館（如果可以的話，最好是以櫃檯為主體的小料理屋）在營業時候拜訪。如此一來，就能和最瞭解當地飲食情報的師傅隔著櫃檯交談了[7]。抵達宮崎市的那一夜，我到住宿附近的小割烹料理店試試運氣。在被擦得光亮的無垢材一片板櫃檯上，電視正在播放夜間棒球賽的實況轉播。席座的桌上每個都被放上「已預約」的卡片，看來是被當地居民們所喜愛的市區名店，真是太完美了。我一邊喝著當地燒酎摻水調稀的溫酒，試著和靜默處理著魚的師傅說話。

＊7　和初次見面的人一起坐在櫃檯時，很容易會展開「今天從哪來的？」這樣的對話。

「不好意思，請問您知道百足海苔嗎？」

師傅的動作戛然而止。

「你……是誰？」

「欸。我只不過是個鑽研發酵的設計師……」如此簡單介紹自己之後，師傅露出「原來是這樣啊」的表情作為答覆。

「百足海苔嗎？那是日南的鄉土食物，宮崎的人幾乎不知道。只是，我親戚之前應該有在家裡做……」

師傅這樣說著，拿出手機撥給他的親戚。很可惜的是，他的親戚大概已經沒有在製作了，不過他給了我他親戚推薦的商店情報。我循著店名，決定前往日南海岸一探究竟。

隔天，我在車站前租車，往日南海岸持續向南行。陽光灼目，從車窗望見的是整排椰子樹，而另一端即是閃閃發亮的日向灘。向前突出的山腳與海岸線之間的國道二二〇號，彷彿不到三月就已經邁入初夏。自宮崎市下行約三十公里的海邊有個叫作伊比井的無人車站，聽說車站前有製作百足海苔的商店……我在車站旁那充滿南洋風情的村落四處走走，但卻找不到類似商店的地方。我詢問在走廊下曬太陽的婦人：「您知道哪裡有賣百足海苔的店嗎？」「啊，有漁夫家族在做喔，不過最近似乎停工了。」

我從她口中得知這件事情，決定先去拜訪那戶人家再說。但沒人在，那位婦人給我的電話號碼也無人接聽。在別無他法之下，我只好向另一間店詢問看看。「百足海苔？啊，鋸齒麒麟菜（キリンサイ）吧。因為今年沒取得原料就停工了。」

又是這樣令人扼腕的答覆。到底要去哪裡才能找到百足海苔呢？無計可施的我繼續向南行，恰巧路過古老城鎮的觀光地飫肥。我在那裡找了一家鄉土料理店，想著也許能在菜單裡找到百足海苔也說不定……就這樣抱持著死馬當活馬醫的心情，沒想到還真的讓我找到了！

「所以百足海苔到底是什麼？」

啊，對喔，我到現在都還沒有好好說明一下。百足海苔是將在日南海岸採到的海藻鋸齒麒麟菜先製成寒天狀產物，再將其以味噌醃漬，是個充滿南洋風情的發酵食物！有的地方直接使用鋸齒麒麟菜為料理名，我向在餐廳工作的女員工打聽看看。

「百足海苔是這一帶的傳統食物……它確切的由來我不知道，不過它給人一種老人家會喜愛的食物的印象。這幾年原料海藻難以取得，往年在店裡都能買得到，但今年只有偶爾能在附餐看見。」

又是原料缺乏！既然都來到這裡了，我想更瞭解百足海苔的事情！我繼續向這位員工打聽，才得知一間叫TOMURA的連鎖超市可能還有賣的情報。我立刻前往最近的店家，還真的被我找到了！生鮮加工食品的角落放著小盒裝的百足海苔！我拿了兩盒去結帳，接著直接前往包裝後面標示的加工廠。從超市出發約十分左右的車程，我來到這位在郊外的工廠，「戶村食品」的員工們似乎對於我突來的訪問感到困惑，直到一位工廠的女性員工認出了我。

「啊！你最近有上電視[8]對吧！」

＊8　在第四章提到因青之島直升機事件差點缺席的ＮＨＫ現場直播。

語畢，在場氛圍隨之一變。大家變得熱情了起來，我也得以順利觀摩百足海苔的製作現場。百足海苔的製作方式大概如下。在春天變暖後的時期，採摘日南海岸生長的鋸齒麒麟菜，並將其放在豔陽下曝曬多日直到縮小為收穫量的十分之一左右。接著將乾燥的鋸齒麒麟菜放進水中熬煮，使其溶解成果凍狀，再放入四角形的容器裡冷卻，就成了粉紅色寒天狀固體。最後將它以味噌醃漬一至二週之後就大功告成。

「鋸齒麒麟菜長得很像蜈蚣對吧？因為是用這個製成的所以叫作百足海苔。這可是日南區域自古以來就有的手工食品哦。」

一邊用剪刀將鋸齒麒麟菜切細的阿伯這樣對我說。順帶一提，用剪刀剪碎之後製成的寒天，海藻的纖維會因徹底溶解而變得口感滑順。根據不同家庭，也有比較喜歡纖維殘留，口感較粗糙的人。

「百足海苔雖然是沿海地區製作的食物，但後來山中村莊的人們也開始食用，在盂蘭盆節也有供奉百足海苔給祖先的風俗習慣，為何演變如此我是不知道，也許是因為它耐放，在供奉後食用也不會吃壞肚子的關係吧！」

越深入瞭解反而越令人摸不著頭緒的百足海苔。說到它的味道，比蒟蒻更有彈性，口感略帶嚼勁，每口滿溢著九州味噌的甜美，讓人百吃不膩，是配飯、下酒兩相宜的簡單美味。

接著，我也找到了無論到哪都「缺乏原料」的原因。近年來因為霧島山系火山噴發造成海洋生態產生變化，鋸齒麒麟菜變得難以取得，再加上摘鋸齒麒麟菜的漁夫也急速減少，雖然居家手作的人變少了，但因為有喜歡古早味的老年人，以及盂蘭盆等節日的需求，所以戶村食品工廠老闆將能取得的少量鋸齒麒麟菜集中起來，在工廠一隅持續製作。

在返回宮崎市的路上，我在日南海岸邊的停車場停車，靠著椰子樹迷迷糊糊地睡了個午覺。明媚的陽光與微風輕拂，彷彿傾訴著春天的初臨，與旅途的終了。

*

結束海之旅，接著往山上去。

從宮崎向西行，順道到鹿兒島重溫一下番薯燒酎文化[9]之後，我往熊本

＊9　番薯燒酎的首都是鹿兒島，縣內有一百一十四個燒酎釀造廠。

的東方，阿蘇方向前進，沿著九州高速公路到達熊本市一帶，在那裡改走一般道路，持續朝阿蘇山方向邁進。途中遇到幾次因大地震禁止通行的路而改道，最後來到沿著山徑繞行的阿蘇景觀線，越往山上爬，景色也漸漸產生變化，當火山口即將出現時。

「哇，那是什麼啊？」

令人訝異的世界闖入我的視野，山的斜坡上覆蓋著整片金黃色乾草，映入眼簾的是無限延展的金色世界，山上的霧氣還是火山口溢出的煙，將天空隱沒其中，彷彿是至今從沒看過的異世界。有那麼一瞬間，讓我產生了「是不是剛剛發生了交通事故，不小心穿越到了另一個世界？」的錯覺。

我將車停下，朝金黃色的大地飛奔而去，著迷地爬上斜坡，在能俯瞰平原之處席地而坐，從這裡能看見牛群在山腳處悠閒吃草的畫面。不久，世界的色彩從金黃變成純白一片，看樣子是被雲氣完全籠罩包圍。

*

著迷於旅行深層醍醐味時，比起開心更容易感到沒來由地害怕，比起尋找自我，反而更容易迷失方向。但內心卻彷彿期盼著來到未知的世界盡頭，寂寞不安到連自己至今的人生都忘卻的那瞬間到來。我以前揹著背包在世界各地旅行時，旅行的意義對我而言就如同「開拓自己的世界」，想要看從沒見過的風景，想開啟自己的世界之門，這種「對未知事物的焦躁感」，在旅行變成工作一環的數年前開始漸漸褪色，取而代之的是體會到「自己的世界之門關上的瞬間」。讓自己的記憶在深谷底沉澱，過去曾經是如此熟悉，現在卻是令人感到不安的陌生世界。旅程開啟了未知的大門，不僅照亮了心中的光芒，也是在晦暗之中找出緊閉且生鏽之門的旅程。

經歷數度旅行之後，我覺得我看過最美的風景，並不是壯闊的大自然或是富麗堂皇的神殿，而是心境。閱覽過大量景色之後的心境深不見底，席捲著無數的記憶泡沫。難以用言語表達初次踏進亞洲熙攘人潮之中的興奮感，在歐洲的美術館地下一覽古代收藏珍品的驚豔感，在旅途中心靈觸動的每一刻，喚醒了我孩提時光曾感受過的記憶，曝曬於河邊的豔陽，以及一人在家時著迷地望著窗外雲朵的形狀，還有小時候游泳時海水的冷冽……在那光輝的彼端之中，我聽見了再也見不到的祖父與友人們呼喚的聲音。

走吧，該離開了。

*

離開了雲霧，我來到阿蘇鎮。我在這裡遇到名為「赤土漬（あかど漬け）」的簡樸醃漬物。從鎮中心往西十公里左右，在里山偶遇的農家餐廳裡，油菜花田的女主人正在製作阿蘇特有的發酵食品。

赤土漬是用被稱為赤土芋的當地品種芋頭的梗發酵後，製成的鮮豔粉紅色醃漬物。芋頭葉梗在夏末到秋天能抽長一公尺半左右，切取其柔軟的部分來製作。首先將葉梗洗淨，視情況暫時浸在水中，揉進鹽巴醃漬一晚（與製成其他醃漬物時，同樣的必備前置工作）。如此一來，長長的梗就會變軟，以便於放進木容器裡醃漬。接下來進行兩次的醃漬工作（有時也會加入醋）。在木容器上頭壓上重石數日，一邊除去梗的黑色水分，一邊讓它進行發酵，持續一至二週後變成漂亮的粉紅色，筆墨難以形容的特色美食就大功告成了。咬一口，伴隨著清脆卻柔軟的口感中湧出了帶有酸味的汁液。赤土漬在當地似乎有「來自農田的生馬肉片」的別稱，但我覺得吃起來不像生馬肉片，反而有幾分像是飽滿多汁的高野豆腐加上清脆爽口的芥菜漬（高菜漬け），再加上乳酸風味般不可思議的味道。

赤土漬是由芋頭的副產物製成的食物，由於火山地區平地很少，再加上貧瘠的阿蘇土壤不適合稻作，因此在這裡芋頭成為熱量的重要來源，而梗的部分作成醃漬物，也是取得維他命的方式。在距海遙遠，又不適合稻作的山區地，為了確保維持生命的碳水化合物和蛋白質等營養，也只能多下點苦功。順帶一提，熊本從中世紀開始就有食用馬肉的文化，這在以前幾乎禁止食肉的日本很少見，不過這裡與大海距離遙遠，因此難以從魚貝類攝取蛋白質，算是無可奈何的苦肉計（不過馬肉根本不苦，是甜的）。

教我製作赤土漬的是英美子媽媽。她是位種田、加工、經營餐廳……什麼都自己來的超級媽媽。雖然過了六十歲才因興趣使然而開始手作，但意外地生意不錯，現在變成以經營餐飲店和食品加工等為業。

「赤土漬製作起來麻煩又不太賺錢對吧，但是沒關係，畢竟我是因喜愛才投入的。雖然是製作大家已經不感興趣的東西，不過偶爾還是會有像你一樣的人前來探訪，所以我覺得既不用為錢而苦惱，那當成興趣何嘗不可呢？」

在我與具備實力又自信的英美子媽媽談笑之間，她的女兒美惠子小姐回來了。受到超過花甲之年還創業的母親的熱情影響，美惠子小姐也加入了製作行列。

「唉呀，您特地遠道而來真是辛苦了，歡迎歡迎。我媽媽，非常有活力吧！」

嗯，真的。簡直就像是阿蘇山的化身般強大呢！

*

我離開山區，接著前往島嶼。

搭乘從福岡往西北飛行的飛機三十分鐘，抵達位於九州與韓國之間的對馬島。此地作為元寇的激戰地而廣為人知，同時也是通往朝鮮半島的大門。對馬島上有稱作「千（せん）」的奇妙在地發酵文化。

從對馬機場搭乘巴士到市區，也許是因為正在放春假吧，到處都是穿著時髦的大學生，還有大韓風格的年輕人！這是當然的，畢竟從韓國的大都市釜山到對馬，搭船僅需一小時左右。就像從姬路或高松等地去小豆島般的距離就可以到異國鄉下旅遊，相當方便。雖然從日本的九州到這裡要轉搭兩次飛機，但從韓國到此地卻如此方便。有趣的是，九州和沖繩有幾個像這樣的地方。

雖然有「說到島就想到海！」的印象，不過對馬是全長八十二公里、絕大部分都是山區、廣闊海灘面積很少的細長地形。在這樣的山之島，我拜訪了居住在對馬中心地的嚴原附近，在內山地區經營民宿的內山夫妻。

對馬的里山充滿了既不像日本、也不像九州的感覺，但也不是奄美和沖繩那樣的南國氣氛，擁有東亞大陸般寬闊的森林景色。在山腳下，扁平石頭層層堆疊而成的奇特石瓦小屋的檐前，曬著千。

千到底是什麼呢？如果非要一言蔽之的話，就是透過發酵番薯澱粉後所提煉出來的東西。這是對馬的傳統乾貨，以乾燥的丸子模樣保存。

其原理和川崎大師的葛餅有點類似，葛餅是用小麥粉製作，千則是由番薯提煉澱粉，但是，千所需要耗費的心力比葛餅多上好幾倍。接下來要跟大家說明一下製作方法。

・將入秋收採的番薯清洗後細切成薄片
・將切成薄片的番薯放入水中去除澀味，進行第一次發酵（應該是乳酸發酵）
・在水中浸泡一個月之後，將番薯撈起，用袋子裹起來再放置數週發酵
・將變得柔軟的番薯捏成丸子狀放置於野外，利用黴類等多種細菌進行發酵
・經過數週之後，黴長滿了丸子，再浸泡於水中
・一邊去除上層浮著的雜質，一邊讓丸子漸漸熟成
・將溶化的丸子其眾多雜質過濾，讓澱粉沉澱
・在鋪上布的容器放上散開的澱粉，去除水分
・將澱粉捏成較小丸子的模樣，放置屋簷乾燥

從秋初開始製作，完成卻是在新年之後，也就是說需要四個月以上複雜的手工才能完成。經過太陽曬乾後，丸子狀的千具備防腐且能一直保存的特性，丸子用水捏成的食物煮熟後能像日式年糕一樣食用，而主流吃法是將其做成麵條，吃起來的感覺就是澱粉糰，口感Q彈且帶有些微番薯甘甜與發酵

酸味。在用雞肉熬成的高湯裡加上用千製成的黑色麵條來享用的「六兵衛」是在這趟旅程中屈指可數的在地發酵極品美食。

「需要非常多道步驟吧！有一說法就是因為製作需要花上千道工夫才行，所以命名為『千』。」

內山媽媽笑著這樣說。雖說是離島，但為什麼會發展出那麼耗費工時的文化呢？其主要原因是對馬的氣候狀況。生長於南美，在大航海時代從亞洲大陸傳到日本的番薯，在稻作文化不如本州的九州大大普及，不過這種番薯禁不起冬日嚴寒，十度以下馬上就開始腐敗，雖然食物給人越熱越難保存的印象，但這個在南國土地生長的番薯卻相反，和番薯普及的中心地鹿兒島（薩摩）不同，對馬的冬天很冷，要如何將秋季收穫的番薯保存過冬天，對對馬人而言是非常重要的課題，為了找到解決的方法而促成了千的誕生。利用發酵原理來提煉澱粉，使其不腐敗並且能長期保存，用乾燥丸子的狀態儲存，想吃的時候就做成丸子或麵下鍋即可填飽肚子。

這是為了在嚴寒的冬天生存下來，竭盡一千個心力製作，集結上千智慧的結晶。

發酵是為了在封閉的土地上生存下來的智慧結晶，這讓我再度意識到前人苦心與智慧，是多麼令人讚嘆的文化。

＊

面向佐賀玄界灘的港口小鎮呼子，位在對馬往壹岐島方向前進，穿過壹岐島及大海後再往前進一點地方，是日本本島對朝鮮半島的大門。

「咦？佐賀的玄界灘？好像在哪聽過……」

在這本書開頭提過，我母親的娘家就在這附近[10]。我是為了探訪幼年時期吃過的「松浦漬（松浦漬け）」而來到這裡。在九州只有識貨的人才知道的珍饈，松浦漬，是呼子的「松浦漬本舖」從一百四十年前左右開始製作的發酵食品。將鯨魚的上顎軟骨用酒粕醃漬，是個以突發奇想的點子釀造出來的發酵產品。我對於在松浦漬本舖打聽到的松浦漬，以及呼子城鎮趣聞感到非常有興趣。

＊10　佐賀縣唐津市北部的突出處，有呼子、湊、名謎屋等地，是秀吉出兵朝鮮的據點。

雖然現今呼子是以花枝聞名，但在江戶時代初期到昭和三十年初，一直都是位在北九州的捕鯨權威之地。那裡出現了叫作中尾甚六的鯨富豪，後人繼承其事業漸漸發展出捕鯨公司。呼子有遊郭（古時合法妓院）的遺址，小時候常覺得「為什麼在這種鄉下城鎮會有這種東西……」而感到不可思議，不過這是有緣由的，我看了呼子在昭和初期這個捕鯨全盛時期時的照片，照片裡的幾乎有二十五公尺的巨大鯨魚旁邊有一大群人圍繞著。

捕鯨是能招來人潮與富貴的「海之基礎產業」。

松浦漬是在這樣的鯨之鎮誕生的文化。山下家的媳婦弦小姐身為捕鯨公司有力的後台，一直在思考「如何將鯨魚不能吃的部分變得能吃呢」這個問題，巨大的鯨魚，除了肉能吃之外，也能用於機械潤滑油、釣竿的零件等處，骨、皮、牙齒甚至內臟都有各式各樣的用途。

而在那之中最難想出用途的，是榨取脂肪之後剩下的軟骨。能不能將這個加工成食物呢……正在如此煩惱時，弦小姐突發奇想，乾脆拿夫家酒窖的酒粕來醃漬軟骨看看！接著神奇的事情發生了，用鯨魚發酵的逸品誕生了……。

接著來介紹令人好奇的松浦漬作法。我向松浦漬本舖的營業管理浪口先生請教，他卻以「松浦漬的製法是祖傳秘方，不傳外人……」的理由婉拒，我只能請教他大致的製作方法。

去除鯨魚軟骨[11]的油脂後切碎，用力踏使其紮實除去空氣後，放入於熟成酒粕中加入辣椒、糖與鹽等鹹甜調味料調配成的漬床中醃漬，就這樣放置數個月之後，「松浦漬」就完成了。我把與酒粕黏稠的糊狀物和在一起，乍看下像花枝生魚片的白色物體放入口中。

「喔喔……！這個口感……是木耳？」

漬床的甜味與辣味、酒粕特有的馥郁香味以及層次豐富的口味隨著咬下木耳狀軟骨的瞬間全都湧入口中，是非常獨特的風味！現今被當作高級珍饈廣為人知的松浦漬，在我小時候是比較平易近人的東西，有這個配飯的話，要吃下幾碗都沒問題，還有當作茶泡飯的配菜也非常適合。而如今已是大人的我，只想把它當成下酒菜！一邊品嚐佐賀的名酒，一邊小口小口地品味松浦漬……光是想像就令人心癢難耐。

鯨魚的軟骨本身沒有味道，但是製成口感清脆且嚼勁十足的醃漬物就會變成相當美味的食物，總之就是想把整條鯨魚都吃光抹淨！在捕鯨一族山下

＊11　也叫かぶら，雖然清脆Q彈但沒有味道，沒加工不好吃。

家的這個執著下所誕生的，就是松浦漬。

啊，山下家？我母親的舊姓就是山下！

「喂，媽媽嗎？是我。我現在人在呼子，妳知道製作松浦漬的山下家嗎？」

「知道啊！最初我們家所在的村莊，沒有外來血統傳來，姓氏是山下的人非常地多。大家代代都是漁夫，在這附近土地生活的人們的根源，似乎是比戰國時代還早就有的海軍一族呢。酒窖？山下釀酒廠吧？鯨富豪中尾家的釀酒廠，一直營業到我小時候才歇業。」

我為了探索發酵文化而來，卻意外找到了自己的根。原來外公是漁夫這件事也確實有其家史。這片土地，北九州與朝鮮半島，似乎是往來中國大陸的海洋民族據點。中尾家和山下家隨著時代演進而聚散離合，海洋民族[12]的血脈仍努力地延續著。松浦漬是記錄著捕鯨一族追尋命運與記憶的方舟。

「出海捕鯨前，漁夫們搭乘的船會在港口內繞行三圈後才出航，因為鯨

＊12 其根源為往來長崎和佐賀北岸、朝鮮半島的海之豪族松浦黨。

魚是神明的化身，這大概是為了要前往神明的世界而舉行的儀式吧。」

浪口先生看著黑白的鯨魚照片，喃喃說道。

現在退去喧嘩的呼子鎮，漁夫們在住家的屋簷下將釣竿上餌，編織漁網。我坐在過去捕鯨船繞行的漁港前，凝視著這片大海，迎面吹拂而來的是我記憶中，祖父身上那令人懷念無比的海潮氣息。

第9章
記憶方舟

有大海、高山、城鎮及小島。

在各式各樣土地生活的人們交織出屬於該土地的記憶，夏日豔陽曬得我揮汗如雨，冬日紛飛大雪凍得我不停打哆嗦，但我也邂逅了無數美好景色及善良人們，在回顧並統整這些紀錄時，我面臨了一個棘手的問題。

何謂日本？何謂日本人？

與鯨魚共生，用藍色葉子將衣服染色，費盡數千心思完成的加工芋頭。使用米與微生物釀造酒及調味料，用杉木及竹子製成的巨大木桶來釀造，進而培育出運轉國家的偉大產業。將山產海鮮用鹽醃漬，將野生葡萄變成酒，在被隔絕的孤島中創造出美好的飲食文化，發酵文化成了日本人生存的原動力。

為什麼會孕育出如此具有多樣性的文化呢？

並不是因為日本人是個擅長巧思的智慧民族，而是在這座列島上生活的人們，大多生活在物資不足、嚴峻環境之中，為了在嚴苛的環境生存下去，平凡的人們經由數代傳承，將這塊土地所擁有的素材，搭配上肉眼看不到的自然力量來想出保存方法，並且將作法持續升級，在反覆試驗的過程中展現出了多樣性。

這次旅行的地點大多在過去（可能現在也如此）是封閉的，如在險峻的深山，距海遙遠，被寒冷的冬天及冰雪隔絕，位於無法從他處運來生活必需品的封閉環境，卻也因為「無法自由使用任何東西」而激發了創造性。

不去照顧食物就會自動生長，沒有水災、旱災、颱風跟地震的話，就沒有必要花心力思索食物來源，以及要怎麼活下去。「沒有」催生出「變成有」這個想法，表達出想生存下去的堅定意志。

如何在諸多限制的環境之中存活下去，困境促成創造能力飛翔的翅膀，並透過與人交流，傳承下去就演變成了文化，有文化就有喜悅，喜悅創造出價值，而價值又成為與人交流的羈絆。發酵歷史從生存下去的「智慧」，演變成為了創造更美好生活的「喜悅」，又為了共享這份喜悅而與他人「交流」。也就是說，發酵歷史解讀了日本文化形成的模式。

一路看來，無論面臨什麼情況，人們仍努力想改善生活，這份意志相當強烈，同時也充滿可適性與多樣性。

*

接下來，最後來思索孕育出日本發酵文化多樣性的原動力吧。

首先，自然環境嚴峻且變化多端，在食物不足的狀況之下，將現有食材變成保存期限長久的食物就成了重要課題。

第二，適合微生物的生存環境。日本氣候溫暖潮濕，再加上每個地區擁有不同的氣候環境，棲息著各式各樣的微生物。眾多微生物之中，當然也有會造成腐敗的微生物。先使用鹽防止食物腐敗，剛好在鹽之中也可生存的微生物產生對人體有益的發酵作用，因此便發展出魚醬與醃漬物文化。還有，棲息於水田中不帶有毒素的黴菌＝麴菌的存在也相當重要，這種黴菌創造出帶給日本料理獨特風味的麴文化，使簡單食材演變出豐富美味。日本（及東亞一帶）發酵食品的多元風味，大多歸功於運用多種類型酵素，進行各種分解作用的黴菌所賜[1]。

第三，因為佛教禁止食用肉類[2]，食用家畜的肉或鮮奶使人能在一般情況下攝取維持生命必要的蛋白質，但因為禁止食肉，人們只能從植物或是海鮮類來補充蛋白質，但這些食物受限於產季，無法像家畜一樣便利，需要進行加工技術來保存這些得來不易的蛋白質來源，因此誕生了「千」或是熟壽司這樣獨特的文化。

在嚴峻環境之中，無法食用肉類，就連好不容易得到的食物也容易腐敗，因為地震、海嘯及颱風等災難，作物毀於一旦，為了逆轉這個困境，人們持續鑽研發酵這項技術。

釀造穀物及魚類來供奉神明。發酵與信仰的深厚連結，是鑿於人們對大自然的敬畏，畢竟反覆無常的大自然，總是主宰著人類的生死存亡。同時，人們也是為了要與反覆無常的大自然抗衡，進而研發出偉大的發酵技術，不過這項技術核心的微生物們，卻又是肉眼看不見且難以控制的超自然生命體。

用渺小微生物的力量，對抗大自然的威脅。感謝以小搏大的奇蹟發展成

＊1 與乳酸菌等的細菌類相比，進化較複雜的黴菌擁有大量酵素，除了麴霉以外，製作丹貝的黴菌也是如此。

＊2 仔細看，就會發現有很多例外，像是諏訪的鹿食免（在長野縣諏訪大社頒布的可食用鹿肉之免罪符）等，有許多與當地原住民信仰相關的例子，在日常生活中食用兔子及鳥等動物。

了信仰，進而變成祭典，而掌管這份力量的釀造家有時像祭司，有時又像是文化與經濟的守護者，有時卻又彷彿是釀造出當地口味，手腕高超的料理師傅般，發揮出感受肉眼看不見的生物氣息之能力，展現出自嚴苛世界中生存下來的強大意志。

＊

到了現代，日本已漸漸克服了自古以來的生存危機。隨著農業技術發達，全年都可栽培作物；隨著加工技術發達，可輕鬆延長食物保存期限；隨著物流技術發達，也能從地球的另一端將生鮮食品運送過來。現在隨時都可以享用從前無法取得，便於食用的精製麵粉、砂糖、肉及牛奶。

本書中介紹過，不便於食用的當地發酵食品之中，大部分應已結束它們「從嚴苛世界中存活下來」的使命，而從當地人們的記憶中消散也是不爭的事實，但不被需要的文化，是否就該面臨消失的命運呢？

宮城氣仙沼有一種叫作「醃白菜鍋」的鄉土料理。這是用廉價的凸眼魚[3]的魚骨，加上放很久變酸的白菜古漬後，再用酒粕下去熬煮而成的料

＊3　棲息於水深兩百公尺以下的紅色深海魚，捕獲時會因為水壓變化的關係，眼睛凸出（或是掉出），因此被稱為凸眼魚。

理，這份菜單展出「凡事能吃的，都不想浪費！」的執著。我為了尋找醃白菜鍋，試著聯繫了好幾家食品加工廠和餐飲店，

「之前還有人在做，但現在已經沒做了。」

我到處打聽，都得到這樣的回答。我最終在一間名為悠閒酒場Nicol（Nonbirisakaba Nicol）的現代酒館，從店長伏谷先生那打聽到，他從住在氣仙沼的母親那學到的醃白菜鍋的製作方法，並放上自家菜單給顧客挑選。不過伏谷先生做的醃白菜鍋使用的不是凸眼魚，而是鱈魚的魚骨。

「在二〇一一年大地震之後，氣仙沼的凸眼魚漁獲量減少，一直以來製作醃白菜鍋的老年人們大多忙於避難，很多人因為沒有凸眼魚而不再製作，因為擔心這道料理可能會就此失傳，所以趁還來得及的時候學會了製作方法。」伏谷先生這樣說，而對於使用鱈魚製作這回事，他表示。

「如果堅持使用凸眼魚的話，也許醃白菜鍋會成為絕響，況且醃白菜鍋是將不怎麼好吃的食物搭配起來，變成美味食物的料理，我覺得重要的不是

『怎麼製作』而是『為何製作』。」

這句話對我如同醍醐貫耳。

該怎麼傳承文化？這句話藏有重要的提示，把傳統本質當作「模板」來看的話，文化是無法在不斷變動的時代裡留存下來的。文化的核心既不是模板，也不是概念，更不是形式，而是理念。

無法捕到魚，沒有耕作的人，水質變了，土質變了，時代變了，人變了……。將「沒有」的狀態「變成有」的意志，啟動了生命應變的動機，文化不是「因危機而消失」，而是「因應危機而存活」的存在。

醃白菜鍋既不用味噌也不使用醬油，因醃漬物的酸及酒粕的甜味會增添風味，所以也不會太鹹，意外地爽口。不同於魚肉，口感不佳的鱈魚魚骨就算味道濃厚也很好吃，真是負負得正的最佳典範。

「如果不介意的話，您要不要配白酒品嚐看看呢？」

店長幫我在酒杯裡斟入較不甜的白酒。這個組合令我感到訝異，但搭配起來卻很適合。醃白菜鍋是和風馬賽魚湯，「長輩們喜愛的鄉土料理」這個先入為主的觀念改變了。藉由編輯文章脈絡來顛覆古老印象，以時尚的美食體驗為嶄新的姿態展現於世人面前。

決定當地文化消失或延續的，並不是必然的時代潮流，而是創造性，過往的使命結束的話，那就創造出新的使命就行了。

「該如何存活下去呢」為重要課題的時代已經結束，生活於日本的我們，下一個課題應該是「該如何懷抱希望活下去」。在我們所生活的這塊土地上，孕育我們的文化在未來也會持續傳承下去。為了肯定獨特文化的存在，及希望確保文化之獨特性，我們必須要努力讓這個國家的每個角落感受到這份希望。在此時，寄宿於土地的記憶，呈現風土民情的發酵文化，既具備地區之獨特性，也是傳承希望的所在。大家圍繞餐桌，享用這幾百年間釀造出來的歷史，並生成血肉，傳達記憶的不是語言，享用食物就是一種學習，而製作則是感念。

科技光芒照亮黑暗，映照出豐沃的世界。我當然也受惠而成長，但在光芒照射不到的黑暗深處，仍存在著不同型式的豐沃。土地有多少，祈求幸福的人有多少，這份豐沃就有無限之多。

凝視著生活中的黑暗。那裡有來自過去的生命連結著，被遺忘的存在、被忘卻的細語，微弱的光芒仍在閃爍。側耳傾聽看看，努力回想起來，與過去的連結尚未被切斷，與過去的連結也代表了通往未來的道路。隨著危機產生變化，希望也會隨之變動。

這是日本人如何存活下來的歷史，也是在這個國家的我們如何展開的未來。它既是一艘記憶方舟，也是划向未來的船舶。向前航行吧，在星光尚未泯滅之前。

p41　溜醬油自桶中流出的瞬間（第1章）／p42　宛如腐海般覆蓋桶子表面的微生物們（第1章）／p44上圖　從高台上俯瞰尾道（第3章）／p44下圖　發酵中的醋酸膜（第3章）／p45　太田久助吟製夫婦（第2章）／p46上圖　八丁味噌的丸屋跟桓九隔著舊東海道比鄰而立（第1章）／p46下圖　顏色鮮豔的柴漬（第2章）／p47　捏柿葉壽司的勝子媽媽（第3章）／p48上圖　青酎的黑麴（第4章）／p48下圖透過野生發酵蒸餾出的高濃度酒精（第4章）

p145　堆滿麴蓋的麴室（第5章）／p146　拂曉時分的會津若松（第5章）／p147　連接江戶與日光的例幣使街道（第5章）／p148　川崎大師發酵葛餅（第6章）／p149上圖　宮崎日南海岸的百足海苔（第8章）／p149下圖　攝於對馬，在戶外風乾千（第8章）／p150　透過發酵解除河豚卵巢的毒素
p152　富山灣的黑作墨魚汁（第5章）／p153上圖　用叉牙魚製作鹽汁魚醬（第5章）／p153下圖　標津的鮭魚山漬（第5章）／p154上圖　看不見盡頭的木桶海（第5章）／p154下圖　棲息於木桶中的微生物們（第7章）／p155　在德島製藍所進行的灑水於菜的作業（第7章）／p156　阿蘇山火山口附近（第8章）／p157　花費功夫培育麴菌（第7章）／p158　製作寒造里步驟之一的雪曬（第5章）／p160　奄美德之島的夕陽，鬪牛的漫步

（本書中刊登的所有照片）攝影：小倉拓

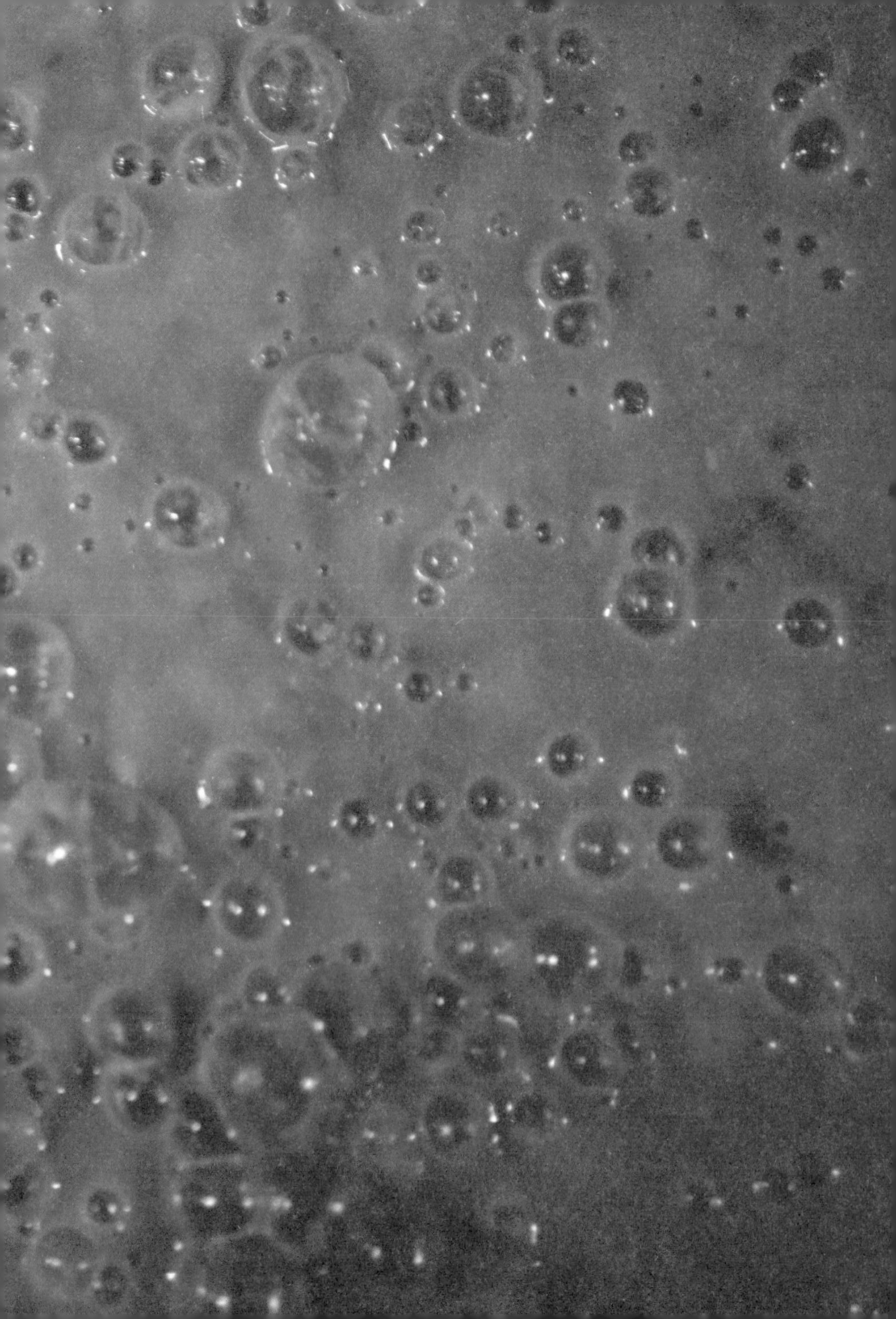

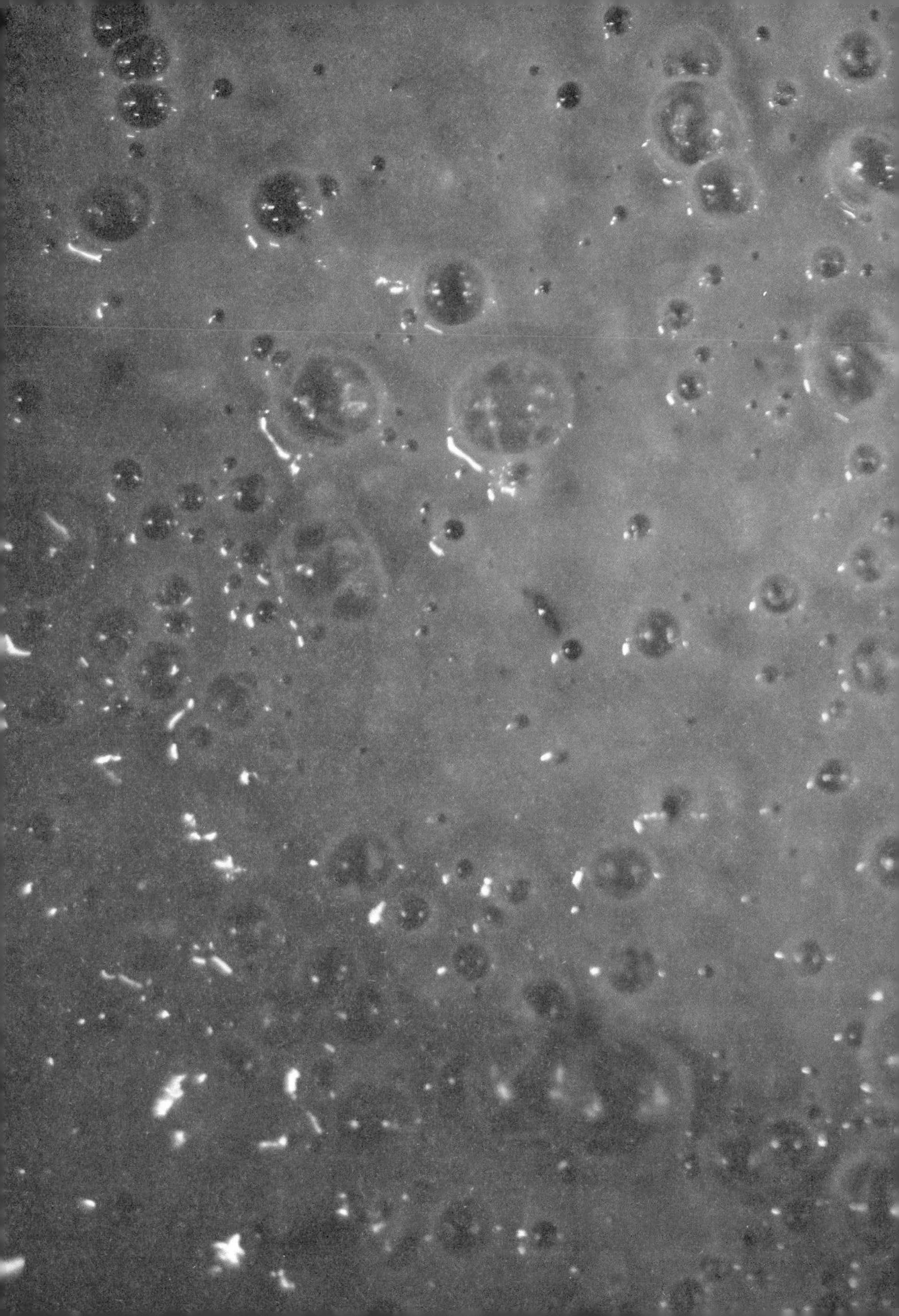

本書未詳細介紹的發酵食品

四十七個都道府縣巡迴之旅，各位覺得如何呢？

在本文及專欄中已盡可能多介紹一些發酵文化，但是在這裡要再跟大家簡單介紹放棄刊登的部分。

茨城縣廣為人知的水戶的「納豆」，沿著太平洋往上，有岩手縣西和賀埋於雪中發酵的「雪納豆」。再往北上，在青森十河田有令人訝異的發酵食品，是在手工製作失敗的納豆內放入麴，接著進行乳酸發酵的「乳酸發酵麴納豆」，是由當地媽媽們傳承下來的。

在山形縣鶴岡有將形狀不齊的小黃瓜以鹽醃漬，再用滲出來的水熬煮小黃瓜，接著再繼續用鹽醃漬，重複這個作業多次之後做出泡菜風味的「醃小黃瓜」食譜。

在發酵大國，石川縣白山有將河豚卵巢用米糠漬做出的頂級珍味「河豚之子（ふぐの子）」，隔壁福井縣選出的是若狹灣深處一個叫作田烏的聚落，將鯖魚用米糠醃漬過後，接著再用米繼續醃漬的「鯖魚米糠熟壽司（サバのへしこなれずし）」神奇食譜。

在千葉縣九十九里，曾因捕獲作為栽培棉花的肥料用的沙丁魚而繁榮過，在棉花變成以進口為主後，人們開始食用沙丁魚，因此誕生出「沙丁魚芝麻漬（イワシのゴマ漬け）」。還有，使用埼玉縣秩父五甲山腳所栽培的雪白体菜製成的「醃雪白体菜（しゃくし菜漬け）」，是美麗的醃漬物。

在島根縣松江至出雲一代有宛如紅白色曲玉般的「津田蕪菁漬（津田かぶ漬け）」，以及山口縣荻市附近有個名為佐佐並的聚落，在那裏有使用了於未登記農地上栽種的糯米所製成的甘酒「甘粥（あまぎゃあ）」，其傳承了山陰獨特的氣候風土。

我的故鄉山梨甲府盆地，有個特產是用當地葡萄釀造的「**甲州葡萄酒**（甲州ワイン）」；隔壁長野縣木曾則有不用鹽製成的「**蕪菁菜漬**（すんき）」；東京伊豆諸島有臭味愛好的代表食品「**臭魚乾**」；高知嶺北地區則有上一本著作《發酵文化人類學》介紹過，用黴菌及乳酸菌發酸的「**碁石茶**」；另外，在德島縣上勝周邊山區製作的「**阿波晚茶**」，則是用與碁石茶類似的乳酸菌釀造的茶。

說到福岡縣博多就會想到「**明太子**」，將助宗鱈的魚卵醃漬於發酵調味液的話，黏稠的魚膘則會變得非常有彈性。大分縣日田的「**醃香魚**」不僅內臟，連魚肉都用上，帶有神似藍乾酪的風味。

鹿兒島縣奄美諸島的「**蘇鐵味噌**」是將蘇鐵浸泡於水及風乾後去除毒素，接著沾上麴菌製成的，是沖繩琉球王朝的宮廷食譜。還有將島豆腐沾上一種納豆菌，接著用泡盛釀成的鹽麴醃漬而成的「**沖繩式豆腐乳**（豆腐よう）」也是一種獨特的發酵食品，由於源由非常複雜，等下回做這個區域的專欄時再詳細介紹。

除了在這次旅途中介紹過的內容以外，日本各地還有許多發酵食譜。「為什麼不介紹我們這裡的發酵食品！」，內心正感到憤慨的您，如果能代替我將其價值公諸於世的話，我會感到非常開心的。

日本是發酵大國，有多少發酵食品，就有多少當地文化。請您也嘗試踏上發酵巡迴之旅吧。

那麼，就讓我們再度在某個大海、高山、小島相逢吧！

小倉拓　敬上

日本發酵紀行 = Fermentation tourism Nippon / 小倉拓著 ; 湯雅鈞譯. -- 一版. -- 臺北市 : 時報文化, 2020.10
面 ;　公分. --（Hello Design叢書 ; HDI0051）
譯自 : 日本発酵紀行
ISBN 978-957-13-8336-1（平裝）

1.飲食風俗 2.釀酵 3.日本

538.7831　　109011859

Hello Design 叢書 HDI0051

日本發酵紀行

作　　者──小倉拓
翻　　譯──湯雅鈞
副 主 編──黃筱涵
企劃經理──何靜婷
排　　版──黃雅藍

日文版
編　　輯──藤本智士（Re:S）、竹内 厚（Re:S）
設　　計──堀口 努（underson）
製　　作──田邊直子（D&DEPARTMENT PROJECT）、
高木夏希（D&DEPARTMENT PROJECT）

編輯總監──蘇清霖
董 事 長──趙政岷
出 版 者──時報文化出版企業股份有限公司
108019 台北市和平西路三段 240 號 4 樓
發行專線─(02)2306-6842
讀者服務專線─0800-231-705、(02)2304-7103
讀者服務傳真─(02)2304-6858
郵撥─19344724 時報文化出版公司
信箱─10899 臺北華江橋郵局第 99 信箱
時報悅讀網─ http://www.readingtimes.com.tw
法律顧問─理律法律事務所　陳長文律師、李念祖律師
印　　刷─盈昌印刷有限公司
一版一刷─ 2020 年 10 月 16 日
定　　價─新台幣 450 元

時報文化出版公司成立於一九七五年，
並於一九九九 年股票上櫃公開發行，
於二〇〇八年脫離中時集團非屬 旺中，以「尊重智慧與創意的文化事業」為信念。

ISBN 978-957-13-8336-1
Printed in Taiwan